Juegan negras

Primera edición,
diciembre 2025

© Gonzalo Terreros Ceballos

Edición coordinada por

Opera Prima

C/ Espejo, 10
28013 Madrid
Tels. 91 559 29 49 / 696 57 01 31
operaprima@operaprima.es
www.operaprima.es

Maqueta: Nerea Peña Peña

ISBN: 978-84-10244-93-1
Depósito legal: M-27586-2025

Impreso en España

Juegan negras

África en el tablero de la geopolítica mundial

(Del Colonialismo al Neocolonialismo)

Gonzalo Terreros Ceballos

ÍNDICE

1. INTRODUCCIÓN...9

2. EL CONTINENTE AFRICANO 13

3. ÁFRICA PRECOLONIAL.......................................23
   3.1 Pueblos, migraciones e imperios........................ 23
   3.2 El comercio de esclavos 32
   3.3 Navegantes y exploradores 35

4. EL COLONIALISMO. LA CONFERENCIA
   DE BERLÍN 41
   4.1 Tratado de Berlín y el reparto colonial................. 41
   4.2 La administración de las colonias 48
   4.3 Los movimientos de liberación.......................... 52

5. LA DESCOLONIZACIÓN
   Y LA FORMACIÓN DE LOS ESTADOS 61
   5.1 Las secuelas de la colonización.......................... 61
   5.2 Las guerras de independencia 65
      -Argelia 65
      -Marruecos 67
      -Libia... 70
      -El Congo Belga... 73
      -Angola 77
      -Mozambique 79
      -Nigeria 81
      -Sudáfrica... 83
      -Egipto 90
   5.3 Guerras civiles e interétnicas 92
      -Del Congo Belga al Zaire de Mobutu................. 93

-Ruanda y Burundi..................................... 96

-Sudáfrica... 98

-El Sahel-Mali.. 99

-Sudán 104

-Etiopía... 107

-Chad..110

5.4 Modelos de configuración de los Estados 112

5.5 Movimientos unionistas y panafricanos............ 132

5.6 La influencia extranjera. Las religiones 137

6. ÁFRICA EN LA ACTUALIDAD.................................**143**

6.1 Nuevas formas de colonialismo. EE. UU.,
Rusia, China, India 143

6.2 Desafíos: desarrollo, demografía,
clima-agua, energía, deuda, corrupción,
clientelismo, pandemias y epidemias 149

**7. EL FUTURO DE ÁFRICA
EN LA GEOPOLÍTICA MUNDIAL** **163**

7.1 El cambio estructural... 164

7.2 Iniciativas de progreso y desarrollo.
La Agenda 2063 168

8. CONCLUSIONES..**175**

ABREVIATURAS Y ACRÓNIMOS **181**

ANEXOS **187**

BIBLIOGRAFÍA..**193**

1. INTRODUCCIÓN

En el continente africano, al igual que en los otros continentes, se hace difícil un planteamiento holístico, dada su dimensión, la diversidad de sus pueblos y países, la variedad de su geografía, su economía, sus costumbres y sus religiones, así como su proceso evolutivo a lo largo de la historia. Pese a ello, hay una serie de características y circunstancias que, con excepciones, pueden considerarse como elementos comunes en su devenir, lo que nos permite engarzar enfoques globales con otros de tipo regional o nacional, de forma que esa combinación facilite apreciar esas singularidades, significativas en relación con tendencias o fenómenos globales en el que se encuadran.

La estructura actual de la mayor parte de los países africanos data del siglo XX, tras haber dejado atrás un intenso período de dominio colonial de la práctica totalidad del continente, bajo el control de las potencias europeas, cuya emancipación fue, con frecuencia, todo, menos pacífica.

En cualquier caso, las vicisitudes de los países colonizadores, tales como, entre otras, las dos guerras mundiales, la Guerra Fría o el 11S, amén de la evolución de cada uno de esos países en la geopolítica mundial, recomiendan una visión retrospectiva de sus principales actores que explique el proceso de evolución de cada uno de ellos, sin dejar al margen consideraciones globales, o, cuando menos, regionales.

Como acertadamente ya señalaba Cicerón, «Historia testis temporum, lux veritatis» («La Historia [es] testigo de los tiempos, luz de la verdad»). Sería difícil hacerse una idea correcta de la situación actual de los países africanos sin tener presente sus tradiciones, sus estructuras sociales precoloniales, basadas en la tribu y la familia, o la profunda huella dejada por la presencia colonial que, para bien o para mal, según los casos, forma parte del ADN de cada uno de ellos. De ahí que, aunque de forma sucinta, creemos conveniente seguir una trayectoria histórica de la época colonial y del período de ruptura con las metrópolis coloniales, período que abarca, aproximadamente, desde el último cuarto del siglo XIX hasta el último tercio del siglo XX.

Obviamente, la evolución poscolonial de cada país ha seguido derroteros muy distintos, muy marcados, además de por la mencionada influencia colonial, por planteamientos políticos y sociales muy diversos, sin olvidar el peso de determinadas personalidades capaces de trazar el rumbo de algunos países, o influir en los posicionamientos de otros, tratando de establecer movimientos más ambiciosos y, en algunos casos, con vocación de universalidad.

Pese a la importancia de antiguas culturas africanas del norte Mediterráneo, como Egipto o Cartago, puede decirse que, en la historia más moderna, el papel del continente africano puede calificarse de marginal, o, si se prefiere, pasivo, habiendo evolucionado con suma lentitud, siempre condicionado a su dependencia tanto de sus antiguas metrópolis coloniales, generalmente europeas, como, más recientemente, de países orientales, cuya política de liderazgo industrial y tecnológico, con frecuencia, está basado en recursos procedentes de África.

África sigue siendo un continente con bajo nivel de desarrollo, con una fuerte inestabilidad social y política, elevados niveles de corrupción y clientelismo, con una fuerte dependencia del exterior, tanto por sus exportaciones de recursos minerales o agrícolas, cuanto por la carencia de modelos eficaces de progreso industrial y científico, a lo que se añade la presencia de factores de desestabilización derivados de intervenciones foráneas de potencias sustitutivas de los antiguos países colonizadores. En ese sentido, puede hablarse de un «neocolonialismo» de naturaleza diferente al modelo del siglo XX, pero con efectos que pueden llegar a ser más perturbadores para su futuro, entre otros, su deuda, su inestabilidad política, la influencia de movimientos islamistas radicales o su incapacidad de ofrecer un futuro claro para su población más joven.

Los 54 países africanos, reúnen una población de 1460 millones de personas (China 1472), con una elevada tasa de crecimiento (2,28 %) y una edad media de tan sólo 18 años (Europa 42), situación que plantea un verdadero desafío para su población más joven, cuya única opción de futuro es, con frecuencia, la emigración.

La diversidad originaria de los pueblos africanos no hizo sino manifestarse con mayor intensidad a medida que el dominio colonial dio paso a la independencia de esos pueblos, cuyo futuro ha ido discurriendo por modelos económicos y político-sociales muy diversos, cuando no contradictorios, que han configurado el variado mapa del continente, hecho que impide, como se ha dicho, su tratamiento como un todo homogéneo. Han aparecido desde rígidas dictaduras hasta democracias (menos frecuentes) más o menos avanzadas, pasando por modelos de *apartheid*, o sistemas de difícil catalogación, influidos por creencias religiosas, en particular, islámicas, todo ello trufado de clientelismo, corrupción e inestabilidad.

El abandono de los países colonizadores y la debilitación de su influencia han propiciado la presencia de nuevos actores –Rusia, China e India– muy interesados en sus recursos naturales, con modelos de presencia diferentes, en algunos casos, como el del grupo paramilitar ruso Wagner, principal contribuyente a la desestabilización interna de varios países del Sahel. Todo ello combinado con golpes de Estado y luchas internas fuertemente perturbadoras.

En el presente trabajo, tratamos de analizar la posición global del África actual en el tablero de la geopolítica mundial, junto a los elementos condicionantes más destacados, después de un recorrido del pasado más reciente, tras la emancipación de los países africanos de sus dependencias coloniales y sus diversas vías y vicisitudes para una progresiva asimilación de las culturas sociales y políticas imperantes en el mundo actual.

La gran pregunta, de muy difícil respuesta, es la de la viabilidad de su progreso, la estabilización de sus pueblos –con frecuencia, como se ha mencionado, condenados a la emigración–, el equilibrio de sus economías, hoy condicionadas por deudas desmesuradas, a lo que hay que añadir la permanencia en su histórica pasividad e insignificancia, comparada con la evolución del resto del mundo moderno, así como el mantenimiento de su dependencia frente a la presencia militar y/o económica en sus territorios, de grandes potencias mundiales, junto a la influencia desestabilizadora de movimientos sociales y religiosos, en particular, islámicos.

Como señala Beatriz Mesa,[1] «África, con su vasta extensión y diversidad, se ha convertido en un enclave fundamental en la geopolítica mundial por su crecimiento demográfico y su abundancia de recursos naturales, realidades ambas que dan lugar también a agudos contrastes que se reflejan en dificultades profundas».

---

1 MESA, Beatriz, *El fracaso de Occidente en África,* Almuzara, 2024, p. 67.

2. EL CONTINENTE AFRICANO

África es una gran isla, posiblemente desgajada de América del Sur (mito de la Atlántida), entre las que se interpone el océano Atlántico, separada de Europa, en el norte, por el mar Mediterráneo, con un punto de separación mínima (14 kilómetros) en el estrecho de Gibraltar, y casi unida a Eurasia, en el noreste, por donde discurre el canal de Suez. Todo el resto de su costa oriental está bañada por el mar Rojo y el océano Índico, donde se ubica la isla de Madagascar.

En un espacio de 30,3 millones de kilómetros cuadrados (Asia 44,5, Europa 10, y ambas Américas 42,5), en el que viven 1460 millones de habitantes, el doble de Europa, es decir, un 17,2 % de la población mundial, con un elevado índice de crecimiento del 2,28 % anual. En 1950, la población africana era de 319 millones; en 1985 ascendía a 550 millones, y para 2020 ya había superado los 1300 millones. Se estima que, en 2050, África albergará a más de 2000 millones de personas,[2] y se calcula igualmente que, sólo en los próximos cinco años, 380 millones de personas se incorporarán al mercado de trabajo.

La falta de oportunidades de empleo local, las guerras, las sequías y hambrunas, en resumen, la incapacidad del sistema para absorber el crecimiento poblacional, provocan unos flujos migratorios, tanto internos como hacia el exterior, en gran medida irregulares, que son acogidos con fuerte hostilidad por los países receptores, además de suponer

---

2 MESA, Beatriz, *El fracaso de Occidente...*, op. cit., p. 194.

elevados riesgos para la vida de muchos de sus componentes. A falta de cálculos precisos, se estima que entre 1990 y 2021, el número de emigrantes africanos ha pasado de 10 a 25 millones, de los que 11 millones residen en Europa. Las políticas de los países para frenar y disuadir estos flujos de africanos –externalización de parte del control migratorio a los países de origen, las inversiones creadoras de puestos de trabajo en origen por parte de los países de destino en Europa y los esfuerzos de comunicación que el proceso migratorio conlleva– no ha conseguido resultados significativos en los movimientos migratorios africanos hacia Europa.[3]

En ese territorio africano conviven 54 países, algunos con más de 100 millones de habitantes (Egipto y Etiopía), junto a otros, que no superan los 5 millones de habitantes cada uno (Gabón, Gambia, Cabo Verde, Guinea Bissau, Lesotho, Namibia, Mauricio, Santo Tomé y Príncipe, Seychelles, Botswana, Namibia, Djibouti, Mauritania o Comoras) (Anexo 1).

Buena parte de la población africana se concentra en grandes urbes, fruto de la migración constante del campo a la ciudad. En 1960, el 15 % de la población del África subsahariana vivía en ciudades, frente al 43 % que lo hacen en la actualidad.[4] Lagos (Nigeria) concentra a 24 millones de habitantes. El Cairo (Egipto) y Kinsasa (República Democrática del Congo) agrupan a 17 millones de personas cada una. Otras 18 capitales africanas cuentan con poblaciones entre 3 y 5 millones de habitantes. Pese a esta urbanización de la población africana, tan sólo el 11,5 % de la población activa trabaja en la industria, frente al 9,9 % en 1991, lo que significa la existencia de bolsas de paro o infraempleos en las

---

3 LA GOURIELLEC, Sonia, *Geopolitique de l'Afrique. Que sais-je?*, París, 2024, pp. 111 ss.

4 *The Economist*, 11 de enero de 2025, «The Africa gap», p. 5.

grandes ciudades, sin que por ello haya crecido la productividad en la agricultura.

El nivel económico de la mayor parte de África es propio de países con muy bajo nivel de desarrollo. Su PIB per cápita promedio se sitúa en el entorno de 6000 euros anuales, frente los 38000 de la media de la Unión Europea. El 46% de la población ingresa menos de dos dólares diarios. Obviamente, si se corrigen estas cifras con el factor PPA (Paridad de Poder Adquisitivo), esa diferencia disminuye, aunque siga manteniéndose altamente desproporcionada. Si se cumplen las estimaciones de organismos económicos internacionales, África podría representar hoy el 80% de la pobreza mundial, frente al 14%, su nivel en 1991.[5]

Además, el continente vive una coyuntura de fuerte presión de una deuda externa que, como se verá más adelante, se ha convertido en una bola de nieve, con efecto multiplicador, tanto por políticas de instituciones prestamistas (FMI o BM), como por la ineficacia en la utilización de las facilidades financieras y planes de reestructuración, mayoritariamente destinados al servicio de la deuda, en detrimento de proyectos de inversiones productivas de bienes y servicios.

La geografía africana se vertebra, en su mitad norte, alrededor de la zona desértica sahariana y, en el resto, en los entornos de sus principales ríos, en particular, el Nilo (segundo río más largo y tercero más caudaloso del mundo) que vierte sus aguas al Mediterráneo; los ríos Senegal, Volta, Gambia, Níger, Congo y Orange fluyen hacia la vertiente atlántica; o los tributarios del océano Índico, como el Limpopo, Zambeze, Rufiji o Chebeli. A ello hay que añadir alguna singularidad como la del río Okavango, que no vierte al mar, sino que forma el entorno de las hoces del Okavango, un

---

5 Ibid., p. 3.

espacio de unos 20 000 km², en Botswana, tras su paso por Angola y Namibia.

La zona desértica del Sahara –9 200 000 km² – ocupa casi un tercio del total del continente, desde las proximidades del Mediterráneo al norte hasta la zona del Sahel, en su borde sur, incluyendo territorios de Argelia, Egipto, Chad, Libia, Marruecos, Mauritania, Mali, Níger, República Saharaui Democrática, Sudán y Túnez.

El límite sur del desierto del Sahara, el Sahel, es una franja de sabana tropical en la que, a lo largo de más de 6000 kilómetros, entre el Atlántico, al oeste, y el Cuerno de África, al este, se integran países como: Senegal, Mauritania, Mali, Burkina Faso, Níger, Chad, Sudán, Eritrea y Etiopía. Hoy, como se verá más adelante, el Sahel constituye uno de los centros de mayor inestabilidad e incertidumbre de África.

La zona central del continente, desde el Golfo de Guinea hasta el sur del Cuerno de África, está surcada por la amplia cuenca del río Congo y sus múltiples afluentes y el área de los grandes lagos africanos (Victoria, Tanganika y Malawi). Por último, más al sur, hasta el cabo de Buena Esperanza, engloba territorios de Botswana, Namibia y Sudáfrica, se extiende en una zona de unos 930 000 km², donde se ubica el desierto de Kalahari.

La isla de Madagascar, situada en el océano Índico, frente a Mozambique, ocupa una extensión de 587 000 km². Otras islas, como las del golfo de Guinea o las Comoras, al norte de Madagascar, son de dimensión sensiblemente menor.

Los grandes ríos africanos han sido históricamente las vías de penetración hacia territorios del interior que, además de los comerciantes de esclavos, han seguido los colonizadores del siglo XIX, como Lander, Tuckey, Speke, Livingstone, Stanley o Brazza, facilitadores de la colonización de potencias europeas. A ello contribuyó, sobre todo en sus inicios, la navegación por sus costas de portugueses, holandeses e ingleses, entre otros.

Dejando aparte todo lo referente al mercado de esclavos, al que nos referiremos más adelante, las fuentes principales de la economía africana han sido, y siguen siendo, la agricultura/ganadería y los minerales de su subsuelo. En algunos países de la mitad sur del continente, tampoco son desdeñables los actuales ingresos derivados de la caza y el turismo por parte de extranjeros, ni los de la pesca en sus caladeros del Atlántico y del Índico.

Las guerras (de descolonización, interraciales o de países entre sí, como se verá posteriormente) han sido una constante en su historia. Un flagelo que ha contribuido al atraso, al subdesarrollo y a la inestabilidad de sus pueblos. A ello hay que añadir el devastador efecto de sus pandemias y epidemias, tales como: malaria, viruela, cólera, ébola,[6] enfermedad del sueño, tifus, sida y, más recientemente, el coronavirus y el mpOX, además de las derivadas de la desnutrición y de la contaminación de sus aguas potables.

La economía africana se basa, como se ha indicado, en dos pilares fundamentales: la agricultura y su generoso subsuelo. La pesca, pese a su importancia, es un componente de segundo nivel en la macroeconomía africana.

Cuando hablamos de la agricultura africana su alcance es limitado, dada su concentración en ciertas producciones tropicales, como el cacao, el café, las bananas, los dátiles, el

---

6 *The Economist* del 12 de septiembre de 2025 recoge la aparición en la República Democrática del Congo de un brote de ébola –virus descubierto en 1976– cuyos efectos en el pasado fueron letales para la población por su rápido contagio. En la actualidad, tras el descubrimiento de una vacuna *ad hoc*, las perspectivas, sin ser halagüeñas, no esconden su gravedad, dada la abolición de la ayuda americana USAID (a la que nos referiremos más adelante) y la transmisión a través de la dependencia de gran parte de la población de productos de sus bosques y agricultura, vía por la que el contagio puede propagarse con rapidez.

aceite de palma o el té, sin que pueda extenderse a productos más básicos para el sustento humano, como los cereales, en gran parte satisfechos vía importaciones. Esta actividad se complementa con la ganadería extensiva en regiones de la sabana, con frecuencia causante de conflictos entre poblaciones rurales.

Las variadas condiciones ecológicas (sabana, zonas tropicales húmedas, regiones con clima mediterráneo o áreas desérticas o semidesérticas), la convivencia de grandes explotaciones con miniparcelas de cultivo, la irregularidad y corrupción en el funcionamiento de los registros, así como la dificultad para acceder a la propiedad de la tierra, unido a la escasez hídrica de grandes regiones (sólo el 3,5% de la tierra cultivable en África subsahariana es regadío), a la progresiva desertización de tierras cultivables y a la baja productividad por escasez de maquinaria, abonos y pesticidas, provocan hambrunas en medios rurales, donde gran parte de la población subsahariana está condenada a vivir con rentas de 2 dólares diarios. A ello hay que añadir la gestión estatal de gran parte del suelo agrícola, la convivencia con el pastoreo o la ineficacia de políticas arancelarias, cuyos beneficios no aprovechan al agricultor sino a las arcas del Estado.

Hoy, la agricultura africana se enfrenta a dificultades para alimentar a una población en fuerte crecimiento, y requiere cantidades no desdeñables de importaciones, básicamente, de cereales. Como señala Dufumier,[7] «La crisis económica y alimentaria, de la que actualmente son víctimas la mayor parte de países de África subsahariana, tiene su origen en la débil productividad y en la insuficiente competitividad de la agricultura». A ello hay que añadir el apetito por la adquisición de amplios territorios cultivables por compañías

7 DUFUMIER, Marc, *Agriculturas africanas y mercado mundial,* Universidad Politécnica de Valencia GIA, p. 35.

extranjeras, entre otras chinas, a la búsqueda de satisfacer sus necesidades alimentarias a buen precio, con mano de obra barata, en detrimento de los medianos y pequeños agricultores locales que, viéndose privados de sus medios de subsistencia, no les queda otra alternativa que la emigración. En muchos casos se da la paradoja de un empobrecimiento alimentario en la población de esos países, que se han convertido en exportadores de productos básicos hacia países del primer mundo.

Pese a todas estas dificultades a las que se enfrenta la agricultura africana, el 80 % del cacao y el 12,5 % del café y el 75 % de la goma arábica que se produce en el mundo, son de origen africano.

Por lo que a la pesca en aguas saladas se refiere, los 26 500 kilómetros de costa del continente africano cuentan con importantes caladeros en sus aguas que atraen a la gran mayoría de las compañías pesqueras del mundo. En buena parte del África subsahariana, sobre todo en la costa atlántica, la pesca representa un capítulo fundamental de su PIB y en la alimentación de sus poblaciones, tan necesitadas de contenidos proteicos.[8]

La situación de la pesca, pese a los intentos para su regulación y control y para el cumplimiento de los acuerdos firmados con diversos estados extranjeros, incluidos la Unión Europea, Rusia, China o Japón, a cambio de aportaciones financieras y apoyo tecnológico, puede calificarse de un tanto irregular, furtiva, imposible de controlar por los Estados por falta de medios y recursos, y cuyo avance amenaza con esquilmar los caladeros. Sólo en Senegal y Mauritania, los efectos de la pesca furtiva se calculan en algo más de 2000 millones de dólares anuales. Igualmente se estima que

---

8 Se estima que el consumo de pescado en Europa y Asia es de 22 kilos por persona y año, frente a los 10 kilos de los africanos.

la pesca de aguas saladas debería reportar a África 6000 millones de dólares más de sus ingresos actuales.

Según la Unión Internacional para la Conservación de la Naturaleza, 51 especies de pescado, vitales para la alimentación de las poblaciones senegalesa y mauritana, se encuentran en peligro extremo de extinción. Se da la paradoja, como en el caso del petróleo en Nigeria, que en varios países ribereños con importantes caladeros de pesca se ven forzados a importar lo que se consume en el interior. Los cayucos tradicionales de pesca han sido excluidos de sus aguas por las flotas extranjeras, cuyas capturas van directamente a las lonjas de pescado de sus países de origen.

Sólo China tiene una flota en África occidental de más de 600 barcos que faenan junto a flotas europeas o japonesas. Los barcos, cada vez mayores y con sistemas de pesca más sofisticados, ante el agotamiento de los caladeros más próximo a las costas, van expandiendo sus áreas de actuación a aguas cada vez más alejadas y más profundas. La necesidad creciente de pescado para la fabricación de harinas ha intensificado las capturas (6 kilos de pescado para producir un kilo de harina), siendo así que su elaboración se realiza en los países de origen de las flotas.

Por el contrario, la pesca fluvial y lacustre cuenta con una vieja tradición entre sus poblaciones circundantes, cuyos productos se encuentran plenamente integrados en sus dietas. No así la acuicultura que, con una producción del 17% de la pesca total, se sitúa muy por debajo de sus posibilidades de desarrollo.

A diferencia de lo que ocurre con la agricultura, el subsuelo africano es pródigo en minerales, destacando los más codiciados en la actualidad, clave para las nuevas tecnologías. África cuenta con importantes reservas de oro, litio, cobalto, bauxita, níquel, uranio, cobre, tierras raras, petróleo y gas, reservas que han atraído la atención y presencia de grandes potencias del mundo, cuyos deseos de control de esos territorios está en el origen de guerras y tensiones desestabilizadoras, con un modelo de «neocolonialismo económico» muy poco beneficioso para las poblaciones autóctonas, como tendremos ocasión de analizar con mayor detalle en páginas posteriores.

África produce diariamente siete millones de barriles de crudo, destacando por su importancia Argelia, Angola, Nigeria y Libia, con más de un millón de barriles diarios cada uno. El 7 % del gas natural mundial tiene su origen en Nigeria, Angola, Argelia, Libia o Egipto, y las exportaciones de cobalto de la RDC representan el 72 % del cobalto mundial y alberga el 50 % de las reservas minerales de todo el mundo.[9] Las diez mayores minas de litio del mundo se encuentran en África (RDC, Sudáfrica, Mali, Zimbabue, Namibia). Sólo Zimbabue puede satisfacer el 20 % de la demanda mundial de litio. Las reservas de cromo africanas representan el 98 % del planeta, las de cobalto el 90 %; al 70 % se elevan las de platino, abundando además el tungsteno, el estaño y la bauxita, a los que hay que añadir las tierras raras. Si nos referimos al oro, con unas reservas del 50 % del total de las reservas mundiales, destacan por su producción Ghana (142 Tm/año) y Sudáfrica (118 Tm/año), siendo también significativas las producciones de Sudán, Mali o Burkina Faso, de unas 70 toneladas anuales cada uno. Por último, Sudáfrica, Namibia, RDC y Bostwana concentran el 55 % de los diamantes del mundo.[10] Pese a esta riqueza de su subsuelo, el comercio de África sólo representa el 3 % del comercio mundial.

Toda esta abundancia de minerales, no empece la pobreza, con frecuencia extrema, de su población y el subdesarrollo

---

9 MESA, Beatriz, *El fracaso de Occidente...*, op. cit. p. 20.
10 Ibíd. p. 172.

de los países africanos, a las que nos hemos referido anteriormente, siendo así que es la razón primordial de su atractivo para los «nuevos colonizadores», en particular, Rusia, India y China.

La explotación de recursos por los inversores extranjeros se ajusta a un modelo de extracción y exportación de materias primas sin elaborar, lo que, si bien nutre la balanza comercial de cada país, ni aporta tecnología o elaboración industrial de esos materiales, por lo que la permeabilidad de la IED es escasa y de distribución irregular. Para que todos estos flujos se traduzcan en un cambio estructural en las sociedades africanas, cambio que va más allá de los programas desarrollistas de organismos internacionales, es preciso contar con una mayor estabilidad política, una implicación de los estados en el desarrollo industrial local, unas infraestructuras adecuadas, un avance en la cualificación de la mano de obra local y los ajustes requeridos en el cuadro macroeconómico de cada país. Sólo así, mediante un aprovechamiento más ventajoso de su cadena de valor, África podrá beneficiarse, cara al futuro, de las oportunidades que sus riquezas y su población pueden proporcionar.[11]

---

11 LOPES, Carlos y KARARACH, George, *El cambio estructural en África*, Catarata y Casa África, 2023, passim.

3. ÁFRICA PRECOLONIAL

3.1 Pueblos, migraciones e imperios

La prehistoria de África, especialmente la del interior del continente, menos conocida, ha aportado a los historiadores y paleontólogos pruebas de la existencia de culturas, reinos o imperios, algunas de las cuales pueden remontarse a varios milenios a. C., si bien queda más clara la influencia de las culturas de la periferia continental, que, en su penetración hacia el interior, fueron expandiendo la cultura del manejo de los metales, el cultivo de determinados productos agrícolas, las costumbres y usos sociales y, con frecuencia, la transmisión de lenguas y religiones.

El aislamiento milenario entre el norte y la zona más meridional se vio influido por la desertización de grandes superficies que dieron lugar al actual desierto de Sahara. Pese a ello, ni los desiertos ni los bosques tropicales supusieron barreras infranqueables para movimientos y contactos de poblaciones diversas. A través de ellos, a partir del siglo x, se intensificó el comercio del oro, del marfil, de la sal, del cobre, de cereales, de tejidos o de esclavos, facilitado por la frecuencia de caravanas y la utilización del dromedario, especialmente resistente a los rigores del desierto.[12]

---

12 NIANE, D., «Las relaciones entre las diferentes regiones: intercambio entre las regiones», en *Historia General de África,* vol. IV, p. 635.

La franja norte, costera con el Mediterráneo, desde muy antiguo, estuvo involucrada en el devenir del sur europeo y del sureste asiático, principalmente a través de Egipto y Cartago, de una parte, y de Grecia, Roma, Mesopotamia y Babilonia, de otra. El resto de África más antigua no se suele mencionar, entre otras razones porque su historia nunca fue escrita. Sin embargo, siempre hubo relaciones comerciales, incluso extracontinentales, particularmente en Oriente medio y en el océano Índico.[13] Las guerras entre reinos, comunidades, clanes e imperios fueron una constante.

Las primeras noticias de seres humanos en África datan del quinto milenio a. C., en grupos y comunidades de agricultores habitando los márgenes del río Nilo, dedicados a la agricultura de subsistencia, pudiendo situarse la plena estructuración de la cultura egipcia a mediados del primer milenio a. C.[14] Todo ello, daría lugar a una de las culturas más antiguas y más avanzadas de la prehistoria de la humanidad. En ella se sucedieron diversas dinastías autóctonas, hasta Alejandro Magno y los macedonios, que, en el año 305 a. C., dieron paso a los ptolomeos, y éstos a los emperadores romanos y bizantinos, cuya serie termina en el año 305 de nuestra era. Roma había incorporado a Egipto a su imperio en el año 30.

El antiguo Egipto, a lo largo de su historia, hubo de enfrentarse a enemigos externos (libios, nubios o persas), con quienes tuvo que luchar hasta dar consistencia a su imperio, que llegó hasta el Éufrates, incluyendo Palestina y Siria, además de conquistas en el alto Nilo donde integró al reino de Nubia (hoy en Sudán).

El otro gran imperio del norte de África fue Cartago. En este caso, sus veleidades más significativas fueron contra los fenicios, los helenos y Roma.

---

13 LE GOURIELLEC, Sonia, *Geopolitique...*, op. cit. p. 11.

14 GRIMAL, Nicolás, *Historia del antiguo Egipto,* AKAL, 1996, p. 21.

En el segundo milenio a. C., regiones africanas como Numidia (Argelia), Libia o Mauritania eran regiones atrasadas, ajenas a la cultura del bronce y de escasa población. La invasión de los fenicios de todo el Mediterráneo y sus islas (conquistaron España en el año 1000 a. C.) tras ocupar Siria, Israel y Líbano, llegaron hasta la región berebere de Mogador (actualmente Esauira, en la costa atlántica de Marruecos, al sur de Casablanca).

Los fenicios fundaron Cartago en el año 814 a. C. En su rivalidad con los helenos, de los que, ya en el siglo VI a. C., ocuparon sus antiguas colonias de la península ibérica, Argelia, Marruecos, Cerdeña y parte de Sicilia, e impusieron su cultura, costumbres y religión.

Sin embargo, fue Roma su auténtico enemigo. Las guerras púnicas (264-201 a. C.) entre Roma y Cartago han pasado a la historia por hechos insólitos, como la travesía de Aníbal y su ejército –incluyendo 37 elefantes– de los Pirineos y los Alpes, en su camino hacia Roma, o las victorias cartaginesas sobre las fuerzas romanas, hasta entonces imbatibles, en Tesina, Trebia, Trasimeno y, sobre todo, Cannas (216 a. C.), la mayor derrota de Roma en toda su historia. Sin embargo, la tercera guerra púnica (149-146) terminaría con el poder de Cartago y su conversión en provincia romana.[15]

En el este del continente, fue Etiopía, en el Cuerno de África, la que se abrió al mundo oriental ayudada por su geografía, con acceso con el mar Rojo, al golfo de Adén y al océano Índico (hoy, tras la desintegración de la antigua Etiopía, el país no tiene acceso al mar, del que le separan Eritrea, Djibuti y Somalia) y, en alguna medida, con Egipto en el alto Nilo –El Nilo Azul nace en Etiopía–, y por la proximidad de Arabia y Yemen. Si bien su riqueza de basaba en su agricultura, al norte del macizo central montañoso, y su ganadería,

---

15 GOLDSWORTHY, Adrian, *Las Guerras Púnicas,* Ariel, 2002, pp. 232 ss.

pronto serían superadas por el comercio de oro, marfil, esclavos, madera y café.

Etiopía es un país con una historia tan antigua como plagada de convulsiones dinásticas internas, guerras de religiones, estructuras políticas muy diversas, incluyendo la imperial, y tensiones con los países más próximos. Esta inestabilidad interna continúa en la actualidad por la guerra contra el norte Tigray, a la que nos referiremos más adelante.

Es en Etiopía y en Kenia donde se han encontrado los restos más antiguos del ser humano.

Entre los años 2500 y 1500 a. C., en la región sur del río Nilo, en lo que posteriormente sería Nubia, floreció la cultura Kush, pueblo que llegó a invadir Egipto, extendiendo sus dominios a lo largo de todo el Nilo y cuyos reyes fueron faraones de la XXV Dinastía. Terminaría siendo invadido, sometido y explotado por los egipcios.

El Reino de Aksum se desarrolló entre el siglo I a. C. y el siglo VII de nuestra era. Se extendía, en su momento de mayor esplendor, desde el norte de Etiopía a Eritrea, regiones próximas a Sudán y parte del actual Yemen, en la península Arábica. Desde el principio de este largo período, la actividad comercial fue intensa, con exportaciones de oro, marfil, pieles u obsidiana, alcanzando sus intercambios hasta Ceilán y la India, al igual que intensa fue su política expansiva, llegando al culmen en los siglos III y IV.[16] La decadencia del reino Aksum se produjo a mediados del siglo VII, fechas en las que su comercio exterior había decaído significativamente por la sobreexplotación de sus recursos. En el siglo X, la ciudad de Aksum fue destruida. Las dinastías Zagwe, situándonos en la época medieval más antigua, coinciden con los años en que los musulmanes llegaron al Cuerno de

---

16 LOZANO ALONSO, Mario, *Historia de Etiopía*, Catarata-Casa África, p. 39.

África, dando paso, ya en el siglo XIII, a las dinastías salomónicas que rigieron el país durante 200 años.

En el siglo XV fracasaron diversos intentos de reyes españoles para establecer contactos con Etiopía, donde los portugueses situaban el mítico reino dirigido por el Preste Juan. La leyenda medieval de una carta fraudulenta, recibida en 1165, de este rey-sacerdote nestoriano, descendiente, según se creía, de los Reyes Magos, que regía un reino en las Indias Orientales y que anunciaba su desplazamiento a Jerusalén para ayudar a los cruzados en la liberación del Santo Sepulcro, dio origen a una amplia difusión del mito de que, en ese reino, además de la predominancia de la virtud y la riqueza, se declaraba la existencia del Santo Grial.

Asimismo, en el siglo XVI, varias misiones de jesuitas (Ignacio de Loyola estaba muy interesado en la conversión de Etiopía)[17] intentaron, sin éxito, establecerse en el único estado cristiano que quedaba en Etiopía, Soba, lo que significaba el triunfo musulmán, terminando con la hegemonía cristiana. Los jesuitas, llegados más tarde, serían expulsados de Etiopía en 1634.

De ahí en adelante, se produjo una creciente fragmentación del país y su consiguiente inestabilidad, período que llegó hasta 1868, cuando el rey Tewodros II inicia el proceso de unificación y modernización nacional, si bien, la apertura del canal de Suez, en 1869, despertó un interés expansivo en Egipto, ambicionando anexionarse toda la cuenca del Nilo y el Cuerno de África, convirtiendo a Etiopía en una provincia egipcia. Se inició la guerra entre ambos países, con derrotas contundentes del ejército egipcio.

A partir de ese momento, Inglaterra invadió Egipto, Italia adquirió el puerto de Assab (embrión de Eritrea, poco

---

17 Ibíd., p. 104.

después, colonia italiana) y Francia se hizo con las regiones del golfo de Adén, devenidas posteriormente en Djibuti.

En años sucesivos, Tafari Mekonnen, sucesor de Melenik II, fue una persona cultivada, con estudios universitarios en el extranjero, introdujo mejoras sustanciales en la estructura y modernización del Estado, dotándolo de una constitución, parlamento, abolió la esclavitud, dotó al país de un ejército moderno y consiguió situar a Etiopía en el mundo. Supo concentrar en su persona todo el poder y alcanzar la centralización del país, iniciada por su predecesor. Tafari Mekonnen, el nuevo Haile Selassie fue coronado como emperador de Etiopía el 2 de noviembre de 1930. En 1935, Mussolini invadió Etiopía, lo que obligó a emperador a vivir cinco años fuera del país. Moriría asesinado (estrangulado) en agosto de 1975. El Derg o junta militar, gobernó hasta la formación de a República Democrática Popular de Etiopía en 1987. La guerra civil de 1991 terminaría con la independencia de Eritrea, en 1993.

En esta breve síntesis de la historia de Etiopía puede apreciarse que este país y su entorno del Cuerno de África es un compendio de todo tipo de guerras imaginables: de ocupación colonial (primera y segunda guerras italo-etíopes), civiles (Ogadén, Amhara, Oromo, Tigray), fronterizas (Sudán) o de escisión del país (Eritrea, Somalia y Sudán).

En la actualidad, una cruenta guerra entre autoridades regionales de Tigrey y el gobierno central de Etiopía mantienen una confrontación devastadora. El primer ministro Ahmed, en noviembre de 2020, ordenó a las Fuerzas de Defensa Nacional de Etiopía (FDNE) actuar contra el Frente Popular de Liberación de Tigray (FPLT). Pese a las treguas temporales en la contienda, las hambrunas han sido calamitosas y el conflicto sigue vivo.

Al margen de estos grandes imperios del norte y este de África, previos a la gran colonización del continente, conviene recordar los contactos permanentes que las naciones europeas mantuvieron, desde antiguo, con las costas occidentales de África.

Entre otros colectivos, más o menos organizados, destaca el Imperio de Mali, Estado medieval entre los siglos XIII y XVI d. C., cuyo centro radicaba en la región de Mandén, próxima a la actual capital, Bamako. Fue fundado por Sundiata Keite, en 1235, consiguiendo la agrupación de doce reinos, alcanzando como límite occidental el océano Atlántico y limitando al este con el desierto de Sahara. Fue uno de los imperios más importantes de su época debido a su riqueza agrícola, sus explotaciones mineras, en particular, el oro, y a la intensidad de su comercio transahariano. Gozó de un notable desarrollo cultural y religioso con abundancia de universidades y mezquitas, facilitando los viajes a La Meca de los creyentes musulmanes.

Su decadencia se culminó a raíz de la presión de Yuder Pacha, morisco de origen español, quien, en su proyecto expansivo, saliendo de Marrakech hacia Níger, se impuso al ejército de Mali en la batalla de Tondibi (1591), provocando la división del imperio y su decadencia.

Otros ejemplos de reinos e imperios africanos del África precolonial pueden ser el Califato Fatimí, el Imperio Kanem-Bornu, el imperio Songhai o el Imperio de Ghana, junto al Reino de Asante o la organización Buganda, por no citar sino los más significativos.

El Califato Fatimí, o Imperio Fatimí, nace en Túnez en el siglo VIII, cuyos seguidores decían descender de la hija del profeta Mahoma, y pretendían terminar con la dinastía Abasí, siendo, a su vez, enemigos de los omeyas españoles. Extendieron su presencia hasta Egipto, donde llegaron a ocupar Alejandría, Palestina, Líbano, Jordania y Damasco, siendo, posteriormente, rechazados, lo que les permitió una expansión hacia el oeste del Mediterráneo, extendiendo el Califato a Sicilia, Regio, el Magreb, Mauritania, llegando a atacar Almería.

Su decadencia se inició por los enfrentamientos entre tropas turcas y negras, amén de guerras civiles en su seno.

El Imperio Kanem-Borun se sitúa al noreste de Nigeria, en los alrededores del lago Chad, como agrupación de pequeños reinos y tribus sometidos al mandato unificado, en el siglo VIII, incluyendo en su apogeo Chad, Níger, sur de Libia y Camerún.

Su posición geográfica le permitió el control de todo el comercio caravanero subsahariano, centrado básicamente en esclavos, colmillos, sal y plumas de avestruz.

A comienzos del siglo XIX, los fulani de Nigeria invadieron la capital, y en 1893, los sudaneses acabaron con el imperio que, *in fine*, terminaron repartiéndoselo los franceses, ingleses y alemanes, en 1845.

Por último, el Imperio de Ghana –que no coincide con el país del mismo nombre– se extendía en la sabana al oeste de Sudán y al sur de Mauritania y Mali, cuya vida se extendió entre los siglos VI y XIII. En su territorio abundaba el oro, el cobre el hierro y el marfil, cuyo comercio se veía facilitado por su fácil acceso a los ríos Níger y Senegal.

Las sequías, las guerras civiles, la desviación de las rutas comerciales, la pujanza del imperio de Mali y la presión de los bereberes del norte provocaron su decadencia que se agravaría con el saqueo de los almorávides, en 1076, hasta su final en el siglo XIII.

A raíz de la creación por Enrique el Navegante de la Escuela de Navegación de Sagres, en 1420, los portugueses se expandieron por la zona noroccidental africana. Unos años más tarde, en 1434, las embarcaciones más modernas (carabelas) permitieron al navegante portugués Gil de Eanes doblar el cabo Bojador. En la búsqueda del Preste Juan, pronto llegaron a Senegal y Cabo Verde, para, siempre en el Atlántico, en 1482, tras rebasar la línea del Ecuador, alcanzar la desembocadura del río Congo y, posteriormente (1487), doblar en cabo de Buena Esperanza, alcanzando así el océano Índico. Se abría la vía de conexión marítima con el suroeste de Asia.

Lo portugueses dejaban constancia de sus descubrimientos mediante la señalización de hitos de piedra («pedrao») que, posteriormente, justificaron la pertenencia de esos territorios, negociados con los líderes locales mediante acuerdos contractuales (*regimiento*).

La colonización posterior de las Antillas y Brasil permitió a Portugal, entre otros países, desarrollar un lucrativo negocio esclavista, hasta la prohibición de la trata por Gran Bretaña, en 1772. En 1506, este mercado suponía más de un cuarto de las rentas de la corona portuguesa.[18]

En 1652 los holandeses (Van Riebeeck) fundaron la ciudad del Cabo como apoyo a su comercio con Asia, además de desplazar colonos (bóer), ocupando territorios del interior, que, como veremos posteriormente, tuvieron que luchar contra los ingleses para el reparto de la actual Sudáfrica.

Todos estos descubrimientos «periféricos» tempranos, en particular, las desembocaduras de los grandes ríos, permitieron la fase posterior de nuevos descubrimientos y ocupaciones del interior continental, de la mano de los exploradores, aunque también confirmaron que, con anterioridad de la colonización del siglo XIX, las relaciones entre Europa

---

18 ILIFFE, John, *Historia de un continente, África,* Akal, Ediciones, 2013, p. 186.

y buena parte de África fueron antiguas y de creciente intensidad.

3.2 Comercio de esclavos

En África, la esclavitud ha sido una constante desde la más lejana antigüedad. Los centros de poder más destacados del entorno africano utilizaban a los esclavos como mano de obra en la agricultura y en la minería, como servicio de las clases más pudientes, así como soldados en sus querellas internas. Fue en 1431, cuando el papa Martín V legalizó la trata de esclavos practicada por los europeos, en particular por los portugueses, quienes, en pocos años, extendieron su ámbito de captura de esclavos al sur de Senegal a lo largo de la costa occidental africana hasta el río Congo.

Con anterioridad al comercio de esclavos en el Atlántico, ya en el siglo VIII, el tráfico interior de las caravanas transaharianas facilitó el flujo de esclavos desde el centro, en particular, desde el Imperio de Mali, hacia la costa del mar Rojo y el Índico, desde donde los esclavos eran vendidos a países árabes y otros estados del Índico. Gran parte de ese colectivo se nutría, además de los llegados del centro y del oeste en las mencionadas caravanas, de grupos capturados en Kenia, Etiopía, Eritrea, Nubia y Sudán. También contribuyó significativamente los esclavos procedentes de Tanganica. Es lo que la historiografía denomina mercado musulmán.

Los esclavos, como se ha mencionado, se convertían en soldados, trabajadores, eunucos al servicio y protección de los harenes, o servidores domésticos, siendo, habitualmente, objeto de mal trato y empleo de la fuerza contra ellos. La isla de Zanzíbar, bajo el sultanato de Omán, se convirtió en el centro neurálgico de este mercado, pese a la resistencia de algunos territorios orientales, como Ruanda y Burundi, a la entrada de esclavistas en su territorio. Se estima que el número de esclavos trasladados al Índico y al mar Rojo para su venta podrían haber superado los 15 millones.

Por otro lado, el descubrimiento y colonización de América y la expansión de determinadas explotaciones agrícolas en el Nuevo Mundo, exigentes de intensa mano de obra, en particular la caña de azúcar, daría lugar a un creciente tráfico de esclavos, en este caso, desde la costa occidental africana (Senegal, Benín, delta del Níger y cuenca del río Congo) hacia la Antillas, Brasil y, en menor medida, el sur de los Estados Unidos actuales.

Fueron los portugueses los que, tras la división del Nuevo Mundo por el papa Alejandro VI, en el Tratado de Tordesillas, en 1493, iniciaron el lucrativo negocio, conocido como Mercado Atlántico de esclavos,[19] al que pronto se unirían Francia, España, Holanda e Inglaterra. Se calcula que, en siglo XVI, el ochenta por ciento de los esclavos trasladados a América desde la costa occidental africana tenían como destino Brasil. El resto se repartía entre las islas del Caribe y el sur de los Estados Unidos de la actualidad. En 1506, la trata de esclavos representaba una cuarta parte de las rentas totales de Portugal.[12]

El negocio de los esclavistas se fue desplazando desde Senegambia hacia el sur de la costa occidental en los actuales Bissau, Liberia, Ghana, Benín, Nigeria, Congo o Angola.

La captura de esclavos se realizaba en comunidades de las zonas del interior, mediante razias o compras derivadas de luchas internas, actividad que los esclavistas locales solían practicar, evitando que los comerciantes-compradores blancos, a quienes vendían sus esclavos, tuvieran acceso a la fuente de sus «mercancías». Los aprehendían bandas de traficantes árabes o negros y los vendían a otros traficantes

---

19 Ibid. p. 186.

europeos, quienes los embarcaban camino de América. El intercambio se hacía contra caballos, oro, armas, telas, conchas o vistosos bienes de escaso valor.

Las inhumanas condiciones del traslado de esclavos hacia América producían un elevado nivel de morbilidad y mortandad en los grupos transportados. Los más díscolos eran inmovilizados con cepos que unían los brazos al cuello. Se calcula que *más* de cinco millones murieron en la travesía del Atlántico.[20] Como señalaba Cabanellas[21]: «Eran cientos y millares… Morían muchos, apenas llegaba una tercera parte al punto de destino… Así ha perdido África más de cien millones de hombres, y sin embargo en América, donde fueron a parar por el viento, hay tan sólo veinticinco millones de negros».

El negocio de los esclavos tuvo un impacto significativo en la evolución poblacional del interior africano, donde se desintegraron grandes reinos del África occidental, a la vez que propició la transmisión de enfermedades, como la viruela, la sífilis, la peste bubónica o la viruela. Eran siglos en los que la población europea crecía significativamente y demandaba más bienes de consumo, que, a su vez, requerían materias primas y productos agrícolas, imposibles de satisfacerse con las ofertas y capacidades nacionales. La mano de obra necesaria para satisfacer esta oferta, en gran medida, estaba integrada por esclavos.

En 1807, el Parlamento británico abolió el tráfico de esclavos (Francia lo haría en 1903), medida que apoyó destacando buques de su armada en el Atlántico, que llegarían a capturar 1635 buques, liberando a más de 160 000 esclavos, muchos de ellos desembarcados en Freetown (en la actual

20 CAPARRÓS, Martín, *Ñamérica,* Random House, 2021, p. 89.
21 CABANELLAS, Guillermo, *Esclavos (Notas sobre África Negra),* Cuadernos de Cultura, 1933.

Sierra Leona), pese a lo cual, el tráfico esclavista continuó, en alguna medida, por la actitud crítica de líderes locales, opuestos a la abolición.

3.3 Navegantes y exploradores

Pese a que, como se ha mencionado anteriormente, el interior del continente africano fue objeto de colonialismo e imperialismo por parte de líderes y colectivos étnicos locales, la circunnavegación de sus costas por navegantes europeos, y su implantación de bases en esa periferia, fue un primer paso que acrecentó el ansia por el conocimiento del interior del continente, bien por intereses económicos y comerciales, en particular, por la captura de esclavos, bien por inquietudes de las sociedades geográficas y comerciales europeas, deseosas de resolver incógnitas puramente científicas, amén de propiciar zonas de influencia económica y política de los gobiernos que, frecuentemente, las financiaban y las utilizaban.

En esta antesala de la colonización propiamente dicha, el papel de los exploradores de esa «terra incognita» fue crucial para la subsiguiente ocupación y explotación de ciertas potencias europeas que, como se verá más adelante, se repartieron el continente en su práctica totalidad.

Por lo que a la costa occidental africana se refiere, el protagonismo portugués, en su fase inicial, es incuestionable, seguidos, a cierta distancia, por los ingleses y holandeses. Se trataba de potencias europeas con una marcada vocación marítima.

Los españoles se volcarían en la aventura transatlántica que les condujo hacia el Nuevo Mundo, si bien, en pleno siglo XV, aunque antes de la llegada de Colón a América, la islas Canarias fueron conquistadas por la Corona de Castilla, y, ya en el continente, se creó Santa Cruz de la Mar Pequeña, y Melilla, que, a su vez, fue agregada a la Corona, en 1496, de la mano de Pedro de Estopiñán.

El rey portugués Enrique el Navegante creó la Escuela de Navegación de Sagres, en el Algarve portugués, y desde allí propició expediciones navales, que permitió, en una primera etapa, controlar Madeira y las Azores, llegando, ya en la costa africana, a descubrir el archipiélago de Cabo Verde, a la exploración de las islas Bissau y la costa de Sierra Leona, a donde llegaron, en 1462, tras superar el «escollo» del cabo Bojador, al sureste de las islas Canarias

En 1469, el portugués Fernao Gomes llegó a Ghana, donde descubrió la abundancia de oro, alcanzando tres años después la costa del actual Camerún. En 1485, descubrió la desembocadura del río Congo, aventurándose a la exploración río arriba de territorios del interior.

Años más tarde, en 1488, Bartolomeu Dias, en su camino hacia el sur, consiguió voltear el Cabo de las Tormentas, hoy de Buena Esperanza, lo que abría el tan ansiado camino hacia el oriente, que culminaría, diez años después, su compatriota vasco de Gama quien, siguiendo la ruta hacia el noreste, fundaría el estado de Natal, alcanzando Mozambique, Madagascar y Mombasa (donde encontró chinos). Siguiendo su viaje hacia el este del Índico, conseguiría arribar la costa de India, en concreto, la ciudad de Calcuta, en agosto de 1498. Más tarde, Madagascar sería explorado por los portugueses entre 1613 y 1619, aunque, posteriormente, pasaría a ser una colonia francesa.

Junto a los portugueses, los holandeses protagonizaron hechos relevantes en África, en particular, tras el Tratado de Westfalia (1648) que les situaba fuera de la dependencia del imperio español y les permitió jalonar el camino hacia las Indias Orientales, en ocasiones, en detrimento de portugueses e ingleses. Para ello se sirvieron de las dos compañías, la de las Indias Orientales y la de las Indias Occidentales, la primera creada en 1651 con emplazamiento en El Cabo (Jan van Riebeeck), y con presencia de colonos y de hugonotes franceses –tras la revocación del Edicto de Nantes, en 1685–, desde donde pudo extenderse a buena parte de Sudáfrica, pese a ser su finalidad el aseguramiento de la ruta comercial con las Indias Orientales.

En 1795, a consecuencia de las guerras europeas, los británicos ocuparon la colonia que sería devuelta a Holanda (República Bátava), en 1802, en base al Tratado de Amiens, pacto que quedó invalidado por efecto de las guerras napoleónicas en Europa, lo que supuso su devolución a Gran Bretaña y su ocupación definitiva, en 1806.

Posteriormente, como se verá más adelante, surgirían nuevas confrontaciones en las dos guerras anglo-bóer, ya en los finales del siglo XIX y comienzos del XX. En este caso, se desarrollaron en Sudáfrica.

Por lo que se refiere a la costa occidental africana, los holandeses colonizaron una parte de la Costa de Oro (actual Ghana), capturaron el fuerte portugués de Elmina, y explotaron sus reservas de oro y marfil, además de intervenir activamente en el negocio esclavista hasta la entrada en vigor de las mencionadas normas antiesclavistas, lo que determinaría la crisis de la colonia y la cesión del territorio por la Compañía de las Indias Occidentales a Inglaterra, en base al tratado anglo-neerlandés de 1637.

Entre los exploradores individuales en África en el siglo XIX, destaca el escocés David Livingstone, médico y misionero, quien, en 1849, a partir del río Orange llegó al desierto de Calahari, atravesó el sur del continente de oeste a este hasta llegar a descubrir el río Zambeze y las cataratas

Victoria, entre los actuales Zambia y Zimbabue. En una segunda expedición llegó hasta el lago Malawi y la desembocadura del río Zambeze. Asumiendo su fracaso en la búsqueda de las fuentes del Nilo, volvió a Escocia.

En esos años, tanto la expedición de Burton y Speke (1857-1858) como la de Speke y Grant (1863) fracasaron igualmente en la localización del origen del Nilo.

Siempre a la búsqueda de las fuentes del río Nilo, tras el mencionado fracaso de sus dos expediciones, Livingstone, en 1866, inició una nueva exploración patrocinada por la Royal Geographical Society, esta vez partiendo Zanzíbar. Descubrió al río Lualaba, que confundió con el Nilo, para, posteriormente, llegar hasta el lago Tanganika. A partir de ahí, durante varios años no se supo más de él.

En 1871, otro conocido explorador y periodista, Henri Morton Stanley, aceptó la iniciativa del director del periódico *New York Herald*, de partir en busca de Livingstone, a quien localizaría, tras una arriesgada y azarosa campaña, en el lago Tanganika, en noviembre de ese año, y cuyo encuentro hizo famosa su lacónica frase de saludo «Doctor Livingston, I presume» («Doctor Livingstone, supongo»). Ambos, por decisión de Livingstone, regresaron a Inglaterra por separado. Éste moriría en 1872. Fue enterrado en Westminster.

Stanley llevó a cabo otras dos expediciones, la primera en un recorrido transafricano que le llevaría de nuevo a los lagos Tanganika y Victoria, en 1878, y una expedición al alto Congo, entre los años 1879 y 1884.

La realidad fue que, en la segunda expedición de Speke, con Grant, tras alcanzar el lago Victoria, en 1862, llegaron a la conclusión que la corriente que nacía en el lago era el origen del Nilo, y así lo comunicaron a la Royal Geographical Society, tras descender aguas abajo y encontrarse con

Samuel Baker, que había iniciado el ascenso del río desde El Cairo.

Pese a todo ello, la duda entre si el origen del río era el lago Tanganika o el lago Victoria fue objeto de vivas polémicas en la prensa y la opinión de expertos. La realidad fue que quien descubrió el origen del Nilo fue Speke.

El rey de Bélgica, Leopoldo II, a la vista de la «carrera colonial» de las potencias europeas en África, pese a la dimensión de su país, se alineó con la tendencia general, aspirando a poseer su propia colonia africana. Para ello, convocó la Conferencia Internacional de Geografía (1876), adoptando una postura, que luego se demostraría falsa, con planteamientos altruistas, científicos y humanitarios («para iluminar las tinieblas que envuelven a poblaciones enteras»). Para ello creó la Asociación Internacional Africana (AIA). Su auténtica ambición era la explotación de recursos como el marfil y el caucho, éste con demanda creciente por el desarrollo de la bicicleta y el automóvil en Europa.

Tras el regreso de Stanley a Europa y el desinterés de sus descubrimientos en el Congo, Leopoldo II llegó a un acuerdo de colaboración exclusiva para explorar el interior del país, concertar acuerdos de cesión de territorios con los líderes locales y analizar la viabilidad de la construcción de un ferrocarril en el Congo que evitara las dificultades del río (cataratas y rápidos) para la penetración de su cuenca superior. Para ello, se había creado, en 1878, el Comité del Estado del Alto Congo (CECH), proyecto de naturaleza puramente comercial de capital privado, abandonando los objetivos filantrópicos de los planteamientos iniciales del rey belga.[22]

Stanley avanzó en la orilla izquierda del río Congo creando estaciones y poblados, si bien se encontró con la desagradable

---

22 VAN REYBROUCK, David, *Congo. Une historia,* Actes cx. Sud, 2012, p. 69.

sorpresa de que otro explorador, Pierre Savargnan de Brazza, por cuenta de Francia, se le había adelantado por la margen derecha del río, habiendo creado, en 1880, la ciudad de Brazzaville (hoy capital del Congo), justo al otro lado del río Congo, frente a la actual Kinshasa (anteriormente, Leopoldville), actual capital de la República Democrática del Congo.

Las atrocidades cometidas en la explotación del caucho (se estima en diez millones de personas muertas), tan contrarias con los seudopropósitos iniciales de Leopoldo II, hicieron que el Parlamento inglés enviara a un observador, el diplomático irlandés Casement, quien emitió un informe demoledor, permitiendo ratificar lo que era un sentir común de la realidad en el Congo. Casement, posteriormente, alineado con los movimientos independentistas de Irlanda, sería juzgado, en 1916, y ahorcado por los ingleses.[23]

---

23 HOCHSCHILD, Adan, El fantasma del rey Leopoldo, Península 2002; VARGAS LLOSA, El sueño del celta, Alfaguara, 2010; CONRAD, Joseph, El corazón de las tinieblas, Alianza, 2000; CELINE, Louis F. Voyage au bout de la nuit, Gallimard, 1976.

4. EL COLONIALISMO. LA CONFERENCIA DE BERLÍN

4.1. Tratado de Berlín y el reparto colonial

La expansión de grupos humanos, por medios no siempre pacíficos, a costa de otras comunidades, es un fenómeno universal, en el tiempo y en el espacio, con modalidades muy diversas, desde la ocupación de territorios para la agricultura o la ganadería, hasta el sometimiento de poblaciones al dominio y control del invasor, generalmente, la fuerza mediante. El término colonialismo procede de colonos, es decir desplazados que ejercen actividad en favor propio y de las metrópolis de origen en el país colonizado.

Por esta vía se han gestado grandes imperios que jalonan la historia de la humanidad hasta nuestros días. Grecia, Roma, Turquía, Inglaterra, Holanda, España, Francia, China, Portugal, Rusia o Japón son algunos ejemplos paradigmáticos, sin olvidar algunos «impulsos» de actualidad, como las ambiciones del presidente de los Estados unidos (Trump) sobre Groenlandia, Canadá o el Canal de Panamá. En el caso de África, como señaló Tony Blair en la conferencia del Partido Laborista inglés, [24] «África es una cicatriz en la conciencia de la humanidad».

---

24 YOUNG, Tom, *Africa,* Oneworld, London, 2021, p. IX, «Africa is a scar on the conscience of mankind».

La situación actual del continente africano, como veremos más adelante, ofrece, tras su descolonización, una nueva forma más pacífica, no por ello menos agresiva, de dependencia de potencias exteriores bajo un modelo que se podría calificar de «neocolonialismo».[25] *Mutatis mutandis*, podría asimilarse a las «invasiones pacíficas» de los bárbaros del norte que terminaron con el Imperio romano.

Los impulsos motores de esta tendencia son de muy variada índole, abundando los de naturaleza económica, religiosa, geoestratégica o racial. En la historia africana de los últimos siglos, todos estos motivos aparecen con nitidez, a veces de forma conjunta.

La colonización de África es un fenómeno mayoritariamente europeo, muy influido y condicionado, entre otras circunstancias, por la política de las potencias más destacadas, por cambios como los introducidos por la Revolución Industrial, por la emancipación de las Américas, por los avances en los sistemas y medios de transporte y por las evoluciones de la geopolítica europea.

Durante siglos, esa presencia se limitó a la periferia del continente, sin penetrar en su interior, presencia que permitía el comercio de esclavos y de algunos productos como el oro o el marfil. El proceso de penetración más allá de la costa se sitúa en el siglo XIX, en la que, de la mano de sociedades geográficas y compañías comerciales-filantrópicas, precedidas por exploradores pioneros que, penetrando tierras adentro, siguiendo el curso de los grandes ríos, permitieron ocupaciones de territorios en nombre de los países representados, sin una clara delimitación de esos territorios ignotos. En su última fase y en la actualidad, nuevos países colonizadores

---

25 FERRO, Marc, *Histoire des colonizations. Des conquêtes aux indépendances XIII-XX siêcle,* SEUIL, 1994, p. 36, se refiere al imperialismo sin colonización, en el que la influencia se ejerce sin presencia de colonos, como casos del Imperio Otomano, o, más actual, como los Estados Unidos.

y nuevos métodos de colonización hacen su aparición en el tablero africano, como tendremos ocasión de ver.

Es bastante común considerar la Conferencia de Berlín, celebrada entre el 15 de noviembre de 1884 y el 26 de febrero de 1885, a iniciativa del canciller alemán Von Bismark, como el foro donde se procedió al reparto de África entre las potencias europeas. La realidad, sin embargo, fue algo distinta. Antes de la celebración de la conferencia, todo el norte continental había sido ocupado por Francia, Inglaterra e Italia. Portugueses y franceses penetraron desde el oeste siguiendo el curso de los grandes ríos, instalándose los primeros en Cabo Verde, Angola y Mozambique, este último en el Índico. Francia ocupó en el Mediterráneo Argelia, en 1830 y Túnez, en 1883, en detrimento de un decadente Imperio otomano. En la costa occidental ocupó Alto Volta (hoy Burkina Faso), Costa de Marfil, Senegal, Dahomey (hoy Benin), Sudán Francés (hoy Mali) y Níger. En el Índico, Francia se hizo con la isla de Madagascar, en 1883. Los británicos, a su vez, se instalaron en Sierra Leona, Gambia y Costa de Oro. Los holandeses habían fundado en el siglo XVII la ciudad de El Cabo, donde, posteriormente, tuvieron que luchar con los ingleses para el reparto del cono sur del continente (guerras anglo-bóer).

En resumen, la práctica totalidad de las zonas costeras de África había sido ocupada por los europeos antes de la Conferencia de Berlín, sin que, en muchos casos, las delimitaciones de los territorios estuviesen definidas, circunstancia que podía conducir a situaciones conflictivas entre los países ocupantes, como ocurrió en el incidente de Fachoda (hoy Kodok, en el actual Sudán del Sur), en 1898, entre franceses e ingleses. Seguía pendiente la ocupación y delimitación de vastos territorios del interior, que los exploradores pioneros habían descubierto en sus exploraciones, vertebradas por los grandes ríos.

No fue una casualidad que la Conferencia de Berlín la convocase el canciller alemán. De una parte, Alemania había quedado ausente de las ocupaciones africanas por otros países europeos, en particular, Francia e Inglaterra, y buscaba su cuota de participación, con ambiciones imperiales en tan suculento botín. De otra, los conflictos entre los estados europeos, derivados de la expansión en el continente africano, comenzaban a plantearse, con riesgo de una escalada, cual era el caso de la desembocadura del río Congo y las tierras descubiertas aguas arriba del río por el explorador Stanley, cuyo proyecto no interesó a las autoridades británicas, pero sí a Leopoldo II de Bélgica, país que por su dimensión y potencia militar no podía competir con las grandes naciones europeas. Stanley se puso al servicio del rey belga, con ambiciones coloniales, pero sin ninguna iniciativa de su país en África. Tras el Congreso de Berlín, el rey terminaría asumiendo a título personal la adquisición de la colonia[26].

La Conferencia de Berlín se planteó con el objetivo de fijar las normas para la ocupación y legitimación de territorios en evitación de conflictos entre países europeos, además de promover la libre navegación por los grandes ríos del Atlántico (Níger y Congo) y dar una solución a la confusa situación del río Congo. A su vez, y quizás esta fuese la medida de mayor trascendencia, se aprobó como criterio legitimador de una ocupación el «principio de efectividad» (*uti possidetis iure*), en favor de quien ocupa efectivamente el interior de un territorio. En el caso de Leopoldo II de Bélgica, como ya se ha mencionado, consiguió mediate argucias y falsas promesas de humanismo y filantropía, que pronto se convertirían

---

2622, CEAMANOS, Roberto, *El reparto de África. De la conferencia de Berlín a los conflictos actuales,* Catarata Casa África, 4ª ed. 2024, p. 44.

en uno de los más crueles e inhumanos sistemas de explotación,[27] el reconocimiento del Estado Libre del Congo, como propiedad privada del rey, quedando Bélgica eximida de cualquier responsabilidad.

Teniendo en cuenta que la ocupación europea de la periferia continental de África apenas superaba el diez por ciento del espacio total africano, la adopción del mencionado criterio legitimador de la ocupación efectiva tuvo un efecto impulsor por la incorporación de los territorios del interior que, *de facto*, se transformó en el principio de que el primero en llegar se convertía en el titular del espacio ocupado.

En palabras de Ceamanos «La Conferencia de Berlín fue un encuentro importante, pero no decisivo. De ella surgieron las reglas básicas para proceder al reparto de África, pero no decidió la división del continente. Esta se hizo efectiva en las décadas siguientes».[28]

Tras la Conferencia de Berlín, Francia consolidó un vasto imperio con los países ya mencionados, una parte agrupados, en 1895, en el África Occidental Francesa, y el resto en el África Ecuatorial Francesa. En la primera se integraban los actuales Mauritania, Mali (entonces Sudán Francés o República Sudanesa), Senegal, Guinea, Costa de Marfil, Burquina Faso (entonces Alto Volta), Benín (entonces Dahomey) y Níger. En el seno del África Ecuatorial Francesa se integraban los actuales Gabón, Congo Francés, República Centroafricana y Chad, además de la isla de Madagascar. A ello habría que unir Marruecos, Argelia y Túnez. A su vez, Gran Bretaña ocupó Gambia, Sierra Leona, Costa de Oro y Nigeria, en la

---

27 CONRAD, Joseph, *El corazón de las tinieblas*; HOCHSCHILD, Adam, *El fantasma del rey Leopoldo*; Céline, Louis Ferdinand, *Voyage au bout...* y VARGAS LLOSA, Mario, *El sueño del celta...* (citados), recogen la historia real de esa «colonia particular», con toda su crudeza, que no aminora su calidad literaria.

28 CEAMANOS, Roberto, *El reparto...*, op. cit., p. 55.

costa occidental, y Egipto, Sudán, Kenia, Rodesia, Zimbabue y Sudáfrica en el este y sur. Portugal controlaría las islas Cabo Verde, Príncipe y Santo Tomé, Guinea Portuguesa, Angola y Mozambique. España se haría con Sahara Occidental (Río de Oro) y el protectorado en el Rif, al norte de Marruecos, además de las islas de Fernando Po, Anobón y Río Muni, en el golfo de Guinea. Italia se hizo con Libia y Somalia Italiana. Posteriormente, se anexionó Etiopía tras la segunda guerra italo-etíope (en 1936), después de la derrota italiana en Adua (1896). Eritrea y Somalia entraron a formar parte del Imperio italiano de África Oriental, sin haber logrado la unión con Libia a través del norte de Sudán anglo-egipcio. Por último, Alemania ocupó la denominada África Oriental Alemana que incluía la actual Tanzania (entonces Tanganica), Ruanda y Urundi, donde operó a través de la Compañía Alemana de África Oriental, posteriormente vendida al gobierno. Asimismo, Alemania ocupó África Suroccidental, hoy Namibia, donde la resistencia de la población local fue aplastada por tropas alemanas con una violencia y ensañamiento que provocaron el rechazo de la opinión internacional y del propio pueblo alemán.

Por lo que a España se refiere, con anterioridad de la Conferencia de Berlín, ya había conseguido en el Tratado de Wad-Ras, en 1860, añadir a los presidios de Ceuta y Melilla, el Peñón de Alhucemas, el de Vélez de la Gomera y Santa Cruz de Mar Pequeña (posteriormente, Ifni). Dada su condición de potencia de segundo nivel, sus resultados de la conferencia no pasaron de discretos.[29]

De esta forma, pocas décadas después de la Conferencia de Berlín, la práctica totalidad del continente africano –a excepción de Liberia y Somalia– se había convertido en un

---

29 TERREROS CEBALLOS, Gonzalo, *Conflictos internacionales. El nuevo desorden mundial,* Opera Prima, Madrid, 2022, p. 98.

mosaico de países colonizados por potencias europeas. Tanto Inglaterra como Francia ocupaban amplios territorios en el bajo Congo y en la desembocadura del río Níger, respectivamente, zonas convertidas en plataformas de su avance hacia el interior.

Pese a los acuerdos de Berlín, esta expansión europea en África no fue pacífica, y estuvo trufada de guerras y tensiones de muy diversa naturaleza, tanto entre países europeos colonizadores con proyectos imperiales incompatibles entre sí, como en el seno de las comunidades sometidas, a causa de motivos étnicos, territoriales o religiosos, sin olvidar las secuelas de acontecimientos externos como las dos guerras mundiales o la Guerra Fría.

Tendría que pasar casi un siglo para que esos países colonizados encontraran su libertad y se enfrentaran a su propio destino, no carente de incertidumbres y avatares. Como señala Iliffe,[30] «el período colonial de África fue tan traumático como breve», cuya consecuencia más importante fue el rápido crecimiento demográfico. De los 100 millones de habitantes en 1890 se pasó, un siglo más tarde, a los 600 millones.

Esa transición de la dependencia a la libertad no ha sido fácil para muchos países africanos. Para Samir Amin estos estados se enfrentan a un triple dilema: económico, ideológico y cultural, impregnados por la explosión urbanística, el desempleo masivo, la dependencia alimentaria del exterior, las tiranías, la ineficacia burocrática, la artificialidad divisiva de las fronteras coloniales o la imposición de las lenguas y culturas extranjeras. Los gobiernos se ven inducidos a permanentes luchas intestinas cuyos objetivos están desligados de los intereses de los pueblos y naciones.[31] Asimismo, las

---

30 Iliffe John, *Historia de un continente...*, op. cit., p. 321.
31 AMIN, Samir, «Preface», en HOSEA Jaffe, *A History of Africa*, Zed Books,

estructuras políticas responden más al clientelismo y la corrupción que a esquemas más democráticos, sin excluir la frecuencia de gobiernos militares de corte autocrático, arribados vía golpes de Estado.

4.2 La administración de las colonias

El modelo de gestión de las colonias por parte de los países europeos colonizadores no fue uniforme, y sus diferencias tuvieron un impacto tanto en las relaciones entre las colonias y sus metrópolis como en las mantenidas tras su independencia. Las opiniones dentro de los países colonizadores diferían entre las posiciones gubernamentales, las derivadas de sectores comerciales o inversores, las de los misioneros o, incluso, las de la propia administración colonial de las metrópolis. Eso sí, su denominador común era el orden y la necesidad de cambio en las comunidades colonizadas.[32]

Básicamente, en función de todos esos planteamientos sectoriales, el control de las colonias se ejerció por la mayoría de los países de una forma directa, con ocupación, con mayor o menor presencia de las fuerzas armadas de la metrópoli, quedando excluida la población local y sus líderes en una posición de mero sometimiento, con excepción de escasas minorías o élites, integradas en la administración de la colonia o, incluso, en instituciones del estado colonial, cual fue el caso de la presencia algunos destacados africanos de colonias francesas en la Asamblea de Paris.

En el caso inglés, por el contrario, se optó por un régimen más sutil y más aceptable para los colonizados, el «Indirect-Rule» o control indirecto, impuesto por Lord

---

London, 2017, p. 3.

32 YOUNG, Tom, *Africa,* op. cit., p. 36.

Lugard, en el norte de Nigeria, tras someter al Califato Sokoto, en 1903, y aplicado a otras de sus colonias africanas.

En todo caso, junto a la gestión del orden y el cambio social, el denominador común de ambos modelos fue la explotación de los recursos naturales de las colonias en beneficio, directo o indirecto, de las metrópolis.

Francia aplicó un sistema de control directo a través de un gran número de administradores coloniales franceses, bajo la autoridad del gobernador, siempre apoyándose en su gestión en los jefes locales, con escasos esfuerzos por la formación de gestores locales para puestos de la administración pública o para desarrollar servicios sociales. Su papel fundamental era el mantenimiento del orden en la colonia y la recaudación de impuestos, empleando métodos brutales, si la situación los recomendaba, así como asegurar la prestación de trabajos forzados por la población local. Muchas comunidades de las colonias eran violentas y crueles y los administradores coloniales tenían que servirse de intérpretes, mensajeros y recaudadores, igualmente violentos, provocando éstos un rechazo y animadversión de la población local versus las colonias. De ahí la importancia prioritaria del mantenimiento del orden por los responsables, en particular, del gobernador.[33]

En el caso de Portugal, se ejerció un rígido control mediante la presencia generalizada de sus fuerzas armadas. Por lo que al Congo se refiere, la explotación de sus recursos se llevó a cabo mediante una política de trabajo inhumana, con sevicias y mutilaciones, en muchos casos, decapitaciones, por incumplimiento de los objetivos, con frecuencia inalcanzables, en la obtención de caucho.

En estos regímenes cualquier debate político o de reivindicaciones sociales o laborales era reprimido con violencia,

---

33 ILLIFE, John, *Historia...*, op. cit., p. 301.

primando, sobre todo, el mantenimiento de la explotación de sus recursos. Todo ello tendría consecuencias en los procesos de descolonización, pese a los cambios introducidos en sus modelos en la última fase colonial.[34]

En general, el sistema directo evitó el nacimiento de una burguesía local y provocó una desafección de los jefes locales y de la población en general respecto a las naciones colonizadoras.

El sistema de control indirecto inglés, también aplicado en otras regiones del Imperio británico, se basaba en la aplicación por parte del gobernador de un mayor nivel de descentralización, ejerciendo el control a través de los jefes locales tradicionales y de las estructuras igualmente consuetudinarias, eso sí, asistido de «advisers». El país quedaba dividido en distritos, cuyos líderes eran designados por el gobernador entre las figuras más destacadas y respetadas en cada distrito. Se mantenían las costumbres (a excepción del abuso de los seres humanos y su sacrificio) y el idioma, a la vez que ciertas actividades, como las relaciones con otras comunidades o la recaudación de determinadas tasas o impuestos.

Comparado con el sistema de control directo del resto de potencias europeas, el «Indirect-Rule» demostró claras ventajas, a saber: 1) era mucho más económico para la metrópoli por el ahorro de personal desplazado a la colonia; 2) fomentaba la cooperación de los poderes locales al no verse preteridos, sino participantes en la gestión; 3) posibilitaba una gestión más efectiva y aprovechaba los aspectos de interés de sus culturas; 4) disminuía las reticencias locales derivadas de una ocupación por extraños al sentirse partícipes en la gestión, a la vez que disminuía o debilitaba las fuentes de rebelión; 5) facilitaba la adaptación progresiva

---

34 LA GOURIELLEC, Sonia, *Geopolitique...*, op. cit., p. 22.

de los líderes locales y de la población local a los sistemas de gestión ingleses; y 6) permitió que la descolonización se retrasara y fuese menos cruenta.

Sin embargo, el modelo inglés no dejaba de adolecer de algunos inconvenientes. Favoreció la corrupción y el clientelismo de los líderes locales en las gestiones económico-fiscales, a la vez que creó tensiones, o acrecentó las ya existentes, con las minorías menos favorecidas, y, en ocasiones, más avanzadas, ya que el sistema de designación de esos líderes no era democrático. Tampoco ayudó la reserva para la Corona de la propiedad de amplios territorios libres.

Hubo casos de modelos más o menos híbridos que combinaran elementos organizativos de los mencionados. Podría ser el caso de Portugal.

En el caso del Congo Belga, al que nos hemos referido muy brevemente con anterioridad, el prometido plan filantrópico y humanitario presentado en la Conferencia de Berlín por el rey belga, mutó en un régimen de violencia extrema, trato inhumano, propio del esclavismo más duro, con sevicias, mutilaciones y ejecuciones, motivado por la codicia sin límites del «propietario de la finca», el rey Leopoldo II de Bélgica.

Como norma general, las colonias adoptaron los idiomas de las metrópolis, convirtiéndose en un elemento de integración interna, dada la multiplicidad de lenguas y dialectos imperantes, frecuentemente limitados a pequeños grupos poblacionales. Igualmente ha facilitado las posteriores relaciones entre las colonias y los países colonizadores, una vez alcanzada la independencia.

4.3 Los movimientos de liberación

Ha habido un mito extendido sobre el colonialismo europeo en África y su enfoque pretendidamente humanitario en favor de pueblos atrasados respecto al progreso europeo, muy frecuente en la segunda mitad del siglo XIX, durante la Revolución Industrial. La realidad de la construcción de imperios era otra, más bien centrada en la explotación de materias primas, requeridas por los rápidos avances de la industria, y obtenidas a bajo coste, mediante empleo de mano de obra barata local.

El colonialismo europeo en África fue intenso, pero breve. Cien años después de la Conferencia de Berlín, la mayor parte de los países africanos se habían liberado de su sometimiento colonial a sus metrópolis (anexo 1).

De forma diversa, los movimientos de liberación fueron surgiendo de la mano de líderes políticos y/o intelectuales, que consiguieron aglutinar y capitalizar las inquietudes identitarias, de una parte, y los descontentos de sus poblaciones respecto a sus situaciones de sometimiento a sus naciones colonizadoras, de otra. Como señala Cooper, «El presente de África no surgió de una abrupta proclamación de independencia, sino de un proceso largo, y enrevesado, que todavía hoy sigue influyendo significativamente en la actitud de buena parte del continente africano. Comprender las trayectorias de las diferentes partes de África –las oscilaciones dentro del continente son considerables– también supone un desafío».[35]

Una serie de factores, con desigual intensidad en muchos casos, propiciaron el surgimiento de movimientos de liberación, generalmente pacíficos en su génesis, dirigidos por líderes locales, culturalmente avanzados, que evolucionarían

---

35 COOPER, Frederick, *Historia de África desde 1940. El pasado y el presente,* Rialp, Madrid, 2020, p. 31.

a la fase de las independencias nacionales y al nacimiento de los nuevos estados, con frecuencia, por la vía de la lucha armada.

La explotación y la opresión fueron una constante en la gestión de las colonias africanas, en algunos casos, elevadas a niveles desconocidos en los sistemas esclavistas más rigurosos. Asimismo, la brutalidad en las conquistas, el sometimiento forzoso de las poblaciones locales a las normas de sus metrópolis, en detrimento de sus culturas y tradiciones, la denigración de la población negra y el distanciamiento racial generalizado, o la falta de mínimos progresos en la vida y cultura de los sometidos, fueron el origen de los primeros brotes de nacionalismo que, líderes y organizaciones más avanzadas, transformarían en potentes movimientos separatistas.[36]

Al nacionalismo, defensor de las acendradas tradiciones sociales y culturales de las poblaciones locales, al maltrato propiciado por las metrópolis colonizadoras, y a la decepción frente a promesas de los colonizadores, generalmente incumplidas, se unió la propagación de movimientos socialistas y reivindicaciones laborales, de origen europeo, que derivarían hacia enfoques de índole política.

El influjo de los misioneros en la propagación de la religión y en la alfabetización de la infancia, o la aparición de minorías con un nivel cultural avanzado, con estudios en universidades extranjeras y con sentido de liderazgo para gestionar movimientos de masas, son algunas de las circunstancias que propiciaron, ya en el siglo XX, la aparición de líderes como: Leopold Sèdar Shengor, en Senegal; Julius Nyerere, en Tanzania; Jomo Keniatta, en Kenia; Kwame Nkrumah, en Ghana; Kenneth Kaunda en Zambia; Nelson

---

36 YOUNG, Tom, *We need to talk about Africa,* Oneworld Publications, London, 2022, pp. 4 ss.

Mandela, en Sudáfrica; Houphouët-Boigny, en Costa de Marfil; o Ahmed Sékou Touré, en Guinea. Todos ellos jugaron un papel decisivo en el proceso de descolonización, tanto a nivel global, como en sus respectivos Estados. Asimismo, los líderes de la emancipación crearon sus propios partidos políticos, que rigieron como partidos únicos, y adoptaron políticas no exentas de tintes marcadamente autoritarios, centrando su gestión gubernamental –además de en la creación de una identidad nacional, por encima de razas o etnias–, en el ansiado desarrollo, empezando con la enseñanza, la agricultura, la sanidad y los recursos naturales.

Senghor, nacido en Senegal en 1906, fue un intelectual, poeta, humanista, admirador de la diversidad cultural y de la filosofía tradicional del pueblo negro-africano.

Gran parte de su vida transcurrió fuera del país. Ya joven, en 1928, fue becado para estudiar en Francia, donde, posteriormente, ejerció como profesor en Tours. Se afilió a la SFIO de los socialistas franceses, fue militarizado y preso en la Segunda Guerra Mundial. Tras abandonar la SFIO, creó su propio partido, el Bloque Democrático Senegalés y fue diputado socialista de Senegal en la Asamblea Nacional de Francia, además de Secretario de Estado con Edgar Faure. En 1960, fue elegido presidente de la República Senegal. Tras veinte años en la presidencia, renunció. Poco después, en 1983, fue nombrado miembro de la Académie Française. Murió en Francia en 2001.

El gran legado político de Shengor, a añadir a su importante obra poética y filosófica, es su concepto de la «Negritude» como elemento integrador de los pueblos africanos, como vía hacia la liberación y como forma de ver el mundo, su valoración de la cultura ancestral, su interés por el mestizaje de culturas y su forma de estructurar el «pannegrismo» africano.

Otro referente de los movimientos de liberación africana fue Jomo **Keniatta**, primer presidente de Kenia.

Como era habitual entre la clase media en las colonias, estudió en el Centro de la Misión Escocesa de Thogoto y, pronto, entró a integrarse en la Asociación Central Kikuyu (KCA), cuyos derechos ancestrales tuvo que defender en Londres en 1929.

Tomó contacto con el Partido Comunista inglés y, tras una estancia en Moscú, regresó a Londres para alinearse con la Liga contra el Imperialismo y cursar estudios en la London School of Economics, a la vez que dejaba atrás sus veleidades comunistas. En 1952, le imputaron, erróneamente, la participación en la organización del movimiento armado de insurrección Mau Mau,[37] de origen kikuyu, lo que le valió un arresto en prisión con trabajos forzados hasta 1961.

Liberado, entró en el partido Kenian African National Union (KANU), partido por el que, tras su victoria electoral, fue nombrado primer ministro, y, tras la independencia del país, en 1964, fue nombrado presidente de Kenia.

La trayectoria de Julius **Nyerere**, fundador de la República de Tanzania, sigue, *grosso modo,* cauces similares a los anteriormente citados. Estudió en la Universidad de Edimburgo, desde donde, muy influido por las ideas de Gandhi, propugnó la independencia de Tanganika (anteriormente colonia alemana hasta la Primera Guerra Mundial) de la Gran Bretaña.

Fundó el partido Unión Africana de Tanganika (TANU). En 1960 fue elegido primer ministro, para, al año siguiente, convertirse en presidente de la Republica. Su mayor logro fue la unión de Tanganika con Zanzíbar, dando lugar a la creación de la actual Tanzania, en 1964.

---

37 COOPER, Frederick, *Historia de África…*, op. cit. p. 138, eleva a 95 europeos y 2000 africanos muertos, además de 11 503 rebeldes, tras una represión gubernamental sobre los kikuyus, a todas luces excesiva.

En la guerra con Uganda, ya en 1978, consiguió derrotar, un año después, al dictador Idi Amín Dadá,

Nyerere fue una figura polémica por sus actitudes un tanto dictatoriales y por su deficiente gestión económica de la nueva república, fracaso que le condujo a su renuncia, en 1985.

Kenneth **Kaunda**, hijo de misionero y profesor de la Iglesia de Escocia, primer presidente de Zambia (anteriormente, Rodesia del Norte) y activo profesor tanto en Zambia como en Tanzania y Rodesia del Sur (hoy Zimbabue). Su activismo político (secretario del Congreso Nacional Africano en Rodesia del Norte –ANC–) le llevó a la cárcel, sometido a trabajos forzados, donde se radicalizó. A su liberación, tras la aprobación de la constitución, abandonó el ANC para formar su propio partido Congreso Nacional Africano y Zambiano (ZANC), a través del cual fue elegido, en 1964, primer ministro y luego presidente de Zambia Independiente.

Kaunda destacó por su programa de alfabetización de la población, estableciendo la obligatoriedad de la asistencia de los niños a la escuela (con ayudas de material escolar y uniformes), además de promocionar a los alumnos más destacados para continuar con sus estudios. En 1966, se inauguró la Universidad de Zambia.

Su gestión económica de los abundantes recursos minerales del país sometió su explotación a planes de desarrollo y a la nacionalización de compañías extranjeras dedicadas a la minería. La crisis del petróleo y la caída del precio del cobre aguaron los resultados económicos del país, viéndose obligado a recurrir a las ayudas del FMI, tras abortar su tercer plan de desarrollo.

Ahmed **Sékou Touré** fue el impulsor de la independencia de Guinea de Francia. Trabajador del sistema postal de Guinea, empezó por organizar un primer sindicato de trabajadores para, posteriormente, fundar y liderar el Partido Democrático de Guinea. Más tarde, fundó la Unión General de Trabajadores de África Negra (UGTAN), filial del Movimiento Democrático Africano, organización implantada en toda el África francófona, fomentando la independencia de todas las colonias francesas.

Elegido diputado por Guinea en la Asamblea francesa, se opuso a la integración en la Unión Francesa, consiguiendo la independencia de país en 1958, convirtiéndose en su primer presidente. Estrechó los lazos con la URSS, en detrimento de sus relaciones con Francia, con la que rompió las relaciones políticas y económicas.

Junto con Nkrumah, refugiado en Guinea por un golpe de Estado incruento en Ghana, fundaron el Partido Popular Revolucionario Panafricano.

En 1978, renunció al marxismo, reanudó las relaciones con Francia. Moriría seis años más tarde en Cleveland.

El itinerario de Kwame **Nkrumah,** nacido en 1909 en la antigua colonia inglesa de Costa de Oro (posteriormente Ghana), es paralelo al de algunos de los líderes citados anteriormente. Graduado en Acra, en 1935, se desplazó a Estados Unidos, donde se graduó en Sociología y Psicología, simultaneando trabajos y estudios. Posteriormente, en 1945, viajó a Londres para estudiar Derecho, pero pronto abandonó sus estudios para volcarse en la acción política, con marcado carácter anticolonialista.

A su regreso a Ghana, en 1951, fundó el Partido de la Convención Popular (CPP) e iniciaba una serie de huelgas y boicots en favor de la independencia, lo que provocó su detención y encarcelamiento por los ingleses, a la vez que su popularidad crecía entre la población autóctona.

El triunfo del CPP en las elecciones de 1951 propició su excarcelación y su nombramiento de primer ministro. La caída del precio del cacao y la demanda de una constitución provocaron disturbios, a la vez que se formaba un nuevo partido –National Liberation Movement– y se volvía a las urnas con el triunfo del partido de Nkrumah, a la vez que Gran Bretaña aceptaba la independencia del país, en 1957.

Sus afanes de culturización e industrialización de Ghana se unían a su búsqueda de la independencia de toda África por medios pacíficos. Tras un golpe de Estado, propiciado por la CIA, durante un viaje a la URSS y China, debido a la mala marcha de la economía, se refugió en la Guinea Conakri de Sekou Touré. Falleció en Bucarest en 1972. Sus ideas panafricanistas tuvieron un amplio eco a lo largo y ancho del continente

Una figura destacada por su influencia, su longevidad en el cargo y su especial relación con los programas franceses en África es la de Félix **Houphouët-Boigny**, padre de la independencia de Costa de Marfil. Fue médico, plantador, diputado en la Asamblea francesa y ministro de Estado en varios gobiernos franceses (Guy Mollet, Gaillard, De Gaulle o Michel Debré),[38] además de alcalde de Abidján, presidente de la Asamblea marfileña, primer ministro y presidente de Costa de Marfil, entre 1963 y 1993.

Frente a las corrientes independentistas más radicales, Houphouët-Boigny propugnaba una transición suave de la mano de Francia, mediante una comunidad federal franco-africana, Consejo de la Entente, apoyada en la Ley Defferre, en la que las colonias de África Occidental Francesa (AOF) gozarían de una amplia autonomía.

Su papel en la descolonización de África, pese a sus devaneos iniciales con movimientos sindicales radicales, fue de

---

38 REID, Rchard J., *A history of modern Africa,* Wiley-Blackwell, p. 270. Francia permitió a sus colonias africanas estar representadas en la Asamblea francés, con un máximo del 3 % de los escaños.

gran importancia por sus planteamientos globales, en ocasiones, de tipo federal, iniciativa que le enfrentó a otros líderes africanos, como Sèkou Touré, Nkrumah o Shengor, contrarios a fórmulas intermedias de independencia y deseosos de jugar el papel de líderes de sus propios estados.

Pese a todos sus esfuerzos, Houphouët-Boigny se vio forzado a declarar la independencia de Costa de Marfil en 1960, iniciando un período presidencialista, marcadamente autoritario de partido único –la Organización para la Unidad Africana (OUA)–, convertida posteriormente en Organización Africana y Malgache de Cooperación Económica y Cultural, en competencia con la Organización Común Africana y Malgache (OCAM), creada en París en 1965.

En sus treinta años de presidencia, el avance económico del país, en particular, de su agricultura, fue espectacular, si bien se vio trufado de movimientos de protesta de amplios sectores de la población, centrados básicamente en la estructura del modelo político, que no en el económico.

Por último, Nelson **Mandela,** figura señera a nivel mundial, fue uno de los hombres más influyentes en las políticas de igualdad de la población negra por su lucha contra el *apartheid* sudafricano, como se verá más adelante.

5. LA DESCOLONIZACIÓN Y LA FORMACIÓN DE LOS ESTADOS

5.1 Las secuelas de la colonización

Los iniciales movimientos de liberación, a los que nos hemos referido anteriormente, fueron consolidándose y adquiriendo fuerza, muy influidos tanto por corrientes independentistas africanas y foráneas, como por personalidades africanas, o como personajes de influencia general, cual es el caso de Gandhi (igualmente formado en la universidad, en este caso, en el University College de Londres) y su defensa de la independencia mediante la «resistencia activa pero no violenta» (huelgas de hambre, marcha de la sal, etc.), pese a lo cual moriría asesinado por un fanático del hinduismo, en 1948.

Los efectos destructivos de la Segunda Guerra Mundial en los países contendientes, la política de descolonización de la ONU respecto al acceso a la independencia de los territorios bajo tutela, o la Conferencia de Bandung de países no alineados, en abril de 1955, junto a la independencia de las colonias francesas e inglesas asiáticas (entre otras, India, en 1950, Indochina-Laos-Camboya, en 1954), fueron parte de los factores exógenos que propiciaron la actitud descolonizadora de múltiples países africanos.[39]

---

39 CORNEVIN, Robert, *L'Afrique noire de 1919 à nos jours,* PUF, París, 1973, p. 150.

A ello hay que añadir, como factor endógeno, la lenta creación de minorías mejor educadas, en gran medida por la labor
docente y educativa de los misioneros, y la formación acadé-
mica de una selecta minoría –algunos de sus componentes ya
mencionados más arriba–, con acceso a universidades europeas o americanas, además de las influencias doctrinales y
sociales, en pleno desarrollo en Europa, fueron elementos
que permitieron a sus líderes capitalizar el creciente malestar
con su situación de dependencia, explotación y discriminación de los países colonizadores.

Estos países colonizados se enfrentaban a un doble desafío: de un lado, conseguir la independencia de sus metrópolis,
y, de otro, estructurar, en el más amplio sentido de la palabra,
la viabilidad futura de los nuevos Estados libres. Muchos de
estos procesos fueron todo, menos pacíficos. Si la independencia se logró, con frecuencia, mediante la confrontación
bélica, la estructuración racial, geográfica, social, económica y política de esos Estados no careció de tensiones y
confrontaciones internas, algunas de las cuales persisten en
la actualidad. Como señala Tom Young: «Si hablamos de la
experiencia colonial, quizás el peor efecto que los europeos
dejaron tras de sí fue una apariencia de estados (fronteras,
capital) pero muy poco de la realidad social».[40]

Durante la fase colonial se habían ido acumulando experiencias laborales e ideológicas que, tarde o temprano,
tendrían que provocar reacciones independentistas. Como
señala Cooper,[41] «Al tratar de confinar a los africanos
en compartimentos tribales, y al buscar cómo obtener de
ellos cuanto supusiera de exportación y mano de obra, sin
tratarlos como "trabajadores", "granjeros", "residentes" o
"ciudadanos", los regímenes coloniales cayeron en la cuenta

---

40 YOUNG, Tom, *We need to talk* ..., op. cit. p. 73.
41 COOPER, Frederick, *Historia de África...,* op. cit., p. 53.

de que los africanos no iban a permanecer dentro de las limitadas funciones que se les había asignado».

En el ámbito de la agricultura, mayoritario en las colonias, la imposición de cultivos, en favor de los intereses de las potencias coloniales, fue una fuente de frecuentes conflictos, a los que se unieron las crecientes demandas por los sin tierra, dada la acaparación por los colonos de los terrenos más productivos, lo que impedía a los lugareños su acceso a la posesión de los mismos. El crecimiento económico no benefició a todos. La segregación racial, *de iure o de facto,* dejó a la población africana fuera del reparto. Como ejemplo más palmario, en Sudáfrica, la Natives Land Act (1913), prohibía a la población negra la compra de tierras más allá de sus asentamientos.[42]

La percepción general en las colonias era que la independencia podía producir mejores resultados que los obtenidos bajo el dominio colonial.

La independencia política de los dominios colonialistas planteó a los nuevos estados un nuevo desafío, que algunos tratadistas han calificado como *segunda independencia,*[43] por la dificultad de conseguir su viabilidad económica y una estructura política y social adecuada que asegurasen la sostenibilidad de la autonomía recién estrenada.

La formación de los nuevos Estados independientes planteó serios problemas en su delimitación geográfica, con frecuencia, trazada de forma arbitraria por las potencias coloniales, sin considerar la peligrosidad de mezclas de pueblos o etnias con aspiraciones de autonomía propia o, sencillamente, enfrentadas entre sí, junto a los casos de división de una misma etnia cuyas fracciones separadas pasarían

---

42 CEAMANOS, R., *El reparto de África...,* op. cit., p. 98.

43 MINTER, William, «Política exterior de EEUU en África», publicado en Foreign Policy in Focus, marzo de 1997.

a pertenecer a dos estados independientes.[44] Todavía hoy, son frecuentes las confrontaciones derivadas de los límites de cada estado. Es el caso, entre otros, de las guerras de Sudán, Etiopía, Mali o Marruecos, bien por minorías que aspiran a la escisión de países a los que pertenecen o países que reclaman territorios de países limítrofes.

Tampoco fue menor la dificultad de organizar la administración pública, hasta entonces apoyada por múltiples funcionarios de las metrópolis, sin que se hubieran creado cuerpos de gestores de los asuntos públicos, todo lo cual generó las irregularidades e ineficiencias de la gestión, la ausencia de estrategias de desarrollo a medio y largo plazo, y el enriquecimiento irregular de las élites vinculadas a los gobiernos de turno.

Las políticas occidentales, en particular las ayudas, tuvieron algunas consecuencias negativas, no corrigieron los niveles de pobreza, ni evitaron que, en su mayoría, se aplicaran a finalidades diferentes a la que estaban destinadas. En varios países destinatarios, sólo el 20% del total destinado a enseñanza y salud, terminaron aplicadas a estos propósitos.[45] Propiciaron la corrupción y crearon una situación de «aid dependency», a la vez que paralizaban las inversiones internas de cada gobierno.

Tras la independencia, aumentó la violencia política, múltiples constituciones fueron sustituidas por sistemas de un solo partido, generalmente vinculado a las etnias del líder, y buena parte de esos líderes terminaron encarcelados, en el exilio o ejecutados. Con algunas excepciones, como se verá más adelante, múltiples países africanos no han resuelto de forma satisfactoria y definitiva su *segunda independencia*.

---

44 YOUNG, Tom, *Africa,* op. cit., pp. 70 ss.

45 YOUNG, Tom, *We need...,* op. cit., p. 155.

5.2 Las guerras de independencia

La desaparición de imperios de la Gran Guerra, pero, sobre todo, el final de la Segunda Guerra Mundial, tuvieron efectos catalizadores del independentismo, no sólo en África, sino también en otras zonas del mundo colonizadas como India, Indochina, Birmania, etc. El propio Churchill, durante la guerra, ante esta tendencia independentista, manifestó, en frase premonitoria «yo no me he convertido en primer ministro para presidir la liquidación del Imperio".[46]

Argelia

La independencia de Argelia, ocupada por Francia en 1831, cuando el país estaba integrado en el Imperio otomano, requirió una sangrienta y larga guerra, entre los años 1954 y 1962.

Las relaciones con la metrópoli fueron muy intensas, con un gran número de colonos que coparon las explotaciones agrícolas de la colonia, si bien, los musulmanes y judíos fueron considerados nacionales franceses, aunque no ciudadanos franceses. Napoleón III, en 1865, les permitió la solicitud de la ciudadanía francesa, siempre que se renunciara a ser gobernados por la *sharía* o ley islámica.

Argelia era considerada como parte integral de Francia. En la Primera Guerra Mundial, gran número de *tirailleurs* argelinos se integraron en las filas francesas. Las infraestructuras, la agricultura, la enseñanza y los servicios registraron una notable mejoría, aunque, en 1951, sólo el 15% de los niños estaban escolarizados.

Pese a todo ello, los ulemas empezaron a plantear claros deseos de autogobierno e independencia. El nieto de Abd-el-Qádir, antiguo emir de Argelia, fundó, en 1923 el partido

---

46 FERRO, Marc, *Histoire des colonisations,* op. cit., p. 411.

Étoile Nord Africaine (ENA), movimiento nacionalista e independentista, claramente enfocado a la independencia de todos los países del norte de África. Su activismo en Francia llevó a su disolución en 1929, para, posteriormente, reaparecer como Partido Popular de Argelia (PPA) que, tras el final de la Segunda Guerra Mundial, se transformaría en el Movimiento por el Triunfo de las Libertades Democráticas (MTLD), del que nacería, en 1954, el Frente de Liberación Nacional (FLN), que inició la guerra de independencia.

La independencia de Argelia no puede entenderse sin una figura tan relevante como es Ahmed Ben Bella, uno de los fundadores del FLN.

Tras la Segunda Guerra Mundial –en la que participó en el ejército francés y fue condecorado por De Gaulle con la Medalla al Mérito Militar– promovió manifestaciones en favor de la independencia de Argelia, duramente reprimidas (matanza de Sétif o represión de la rebelión de Toudja,[47] con más de 1200 civiles muertos). Fue detenido y encarcelado en 1950. Tras evadirse de la cárcel, dirigiendo el levantamiento del 1 de noviembre de 1954, de nuevo fue detenido, en un viaje a Túnez, y encarcelado en Francia, donde, tras seis años en prisión, fue liberado como condición de los acuerdos de Evian, en 1962, en los que se rubricó la independencia de Argelia.

La guerra se desarrolló con crueldad inusitada, más propia de una guerra civil. Poblados arrasados, con frecuente uso de la aviación, cosechas incendiadas, salvo los colonos que pagaban al FNL, terrorismo del propio FNL sobre la población civil, etc.

La independencia provocó desavenencias en la dirección del FLN, para, finalmente, ser elegido líder del partido único, jefe del gobierno y presidente de la república.

---

47 ROY, Jules, *La Guerra de Argelia,* Seix Barral, Barcelona 1961, p. 56.

El programa de gobierno de Ben Bella, tras la aprobación de la Constitución de 1963, se orientó por el nacionalismo socialista y la autogestión, un tanto personalista, con un creciente descontento social que llevó al golpe de Estado del jefe del Estado Mayor, Boumedienne, en junio de 1965. De nuevo fue encarcelado por sus propios compañeros, y tras su liberación, Ben Bella se exilió en Suiza.

La guerra de la independencia de Argelia fue de una crueldad y barbarie poco frecuentes. El Informe del Comité Internacional de la Cruz Roja (CICR), de 1960, relata torturas, matanzas, desplazamientos y «reagrupaciones» de población civil y toda clase de abominaciones de esa guerra colonial.[48]

El nuevo presidente de la República, Abbas, tuvo que emplearse a fondo para terminar con el apoyo del Tratado del Atlántico Norte, en particular el de Estados Unidos, con helicópteros y napalm, que habrían facilitado la devastación del país e impactado en la altísima tasa de mortalidad de la población civil.

Como se verá más adelante, al tratar la situación actual en Mali, la influencia de Argelia y Libia tuvieron un papel fundamental en la penetración del yihadismo y las constantes luchas de la población tuareg maliense contra el gobierno de Bamako, situación que perdura en la actualidad, agravada por el pugilato por el control de actividades criminales, como los secuestros y el lucrativo tráfico de drogas hacia Europa.

Marruecos

La situación geográfica de Marruecos, a caballo entre el Mediterráneo y el océano Atlántico, separado de Europa por un estrecho de tan solo 14 kilómetros, ha sido objeto

---

48 BEDJAOUI, Mohammed, *La Guerra de Argelia, una revolución a la altura del ser humano,* Tirant Humanidades, Valencia, 2019, p. 164.

de interés de las culturas mediterráneas desde la más lejana antigüedad, con la consiguiente diversidad de razas que pueblan su territorio: bereberes, moros y árabes, como más significativas.

Esa singular ubicación del país, tampoco ha dejado indiferentes a las potencias más modernas y, muy en particular, a España y Portugal –pues de allí procedían los invasores que ocuparon la península durante siete siglos–, y para Gran Bretaña, por la importancia del estrecho de Gibraltar, para la comunicación naval con su imperio de Oriente, una vez se hubo abierto el Canal de Suez, en 1869. Todo ello, sin despreciar el papel estratégico del acceso al Mediterráneo durante la II Guerra Mundial.

Como otros países africanos, y salvando las diferencias, Marruecos se convirtió en una presa apetecida, una vez el sultanato entró en profunda crisis, a finales del siglo XIX, por la dificultad de someter a su soberanía a zonas insumisas («Bled es Siba»).[49] Esta debilidad institucional, unida a querellas y resentimientos entre ciertas potencias europeas (Guerra Franco Prusiana, incidente de Fachoda, debilidad colonialista de Alemania tras la conferencia de Berlín, Tratado anglo-francés de 1911 respecto a Egipto y Marruecos), a lo que se añadía la política de «recogimiento» de Cánovas, que, además de despertar la ambición de las mencionadas potencias europeas, condenaba a España a jugar un papel de comparsa, de muy escasa relevancia, en contraste con los éxitos de las tropas españolas en la campaña de Tetuán de los generales O'Donnell y Prim, en 1859 (Tratado de Wad-Ras, en 1860).

Las tensiones diplomáticas de Gran Bretaña y Francia con Alemania, marginada de sus acuerdos bilaterales, condujo,

---

49 MORALES LEZCANO, V., *Historia de Marruecos,* La Esfera de los Libros, Madrid, 2006, p. 163.

tras el «desembarco» del Káiser en Tánger, a la organización de una conferencia a celebrarse en Algeciras en 1906.[50] Allí se establecieron los criterios para la colonización de Marruecos, evitando tensiones entre las potencias europeas en el reparto del botín. Pese a ello, ni la situación del sultanato podía considerarse como estabilizada, ni los acuerdos bilaterales de algunas potencias, en detrimento de otras, auguraban una situación debidamente reglamentada que evitara graves consecuencias. Para reafirmar los acuerdos de Algeciras, se convocó una reunión en Cartagena, a la que, entre otros representantes de Francia y Alemania, asistieron, en abril de 1907, Alfonso XIII y Eduardo VII de Inglaterra. Nada de esto evitó la creciente ola de desórdenes en el sultanato y la falta de control del sultán. Todo ello condujo a la imposición al país de un régimen de protección por parte de Francia (Tratado de Fez de 30 de marzo de 1912) –de hecho, un sometimiento a su control–, algo que provocó la renuncia del Sultán en favor de su hijo y la «entronización» del mariscal Liautey, como Residente General. España ocupaba su propio protectorado en el norte del país entre el río Lucus (Larache) y Melilla, donde se sitúan las regiones de la Yebala y el Rif, con la ciudad de Tánger con estatuto de ciudad internacional, desde 1923. La gestión del protectorado quedaba bajo la soberanía del Sultán y las medidas de protección debían ejercerse a través de su representante, el Jalifa.[51]

El protectorado español, en manos de los militares, hubo de enfrentarse a la belicosidad del Raisuni, en la zona de la Yebala y a las perturbaciones de las cabilas del Rif, al mando de Abd el Krim, que culminaría, en 1921, con el Desastre

---

50 TERREROS CEBALLOS, Gonzalo, *Las guerras de Marruecos...*, op. cit., p. 75.

51 SALAS LARRAZÁBAL, R., *El Protectorado español en Marruecos*, Madrid, Mapfre, 1992, p. 110.

de Annual, suceso que condicionó, y conmocionó, la vida política española durante los años posteriores.[52] Cuatro años después, en mayo de 1925, el dictador primo de Rivera, con la colaboración de Francia, puso fin al «reinado» de Abd el Krim, forzado a exiliarse en Egipto, tras el desembarco de Alhucemas, sin conseguir su objetivo de constituir la República del Rif, separada del reino de Marruecos.

En 1956, se puso fin al protectorado francés y al español del norte, continuando en el sur la guerra de Ifni-Sahara Occidental, hasta 1976, después de la Marcha Verde, que no pacificaría la zona, ya que, a renglón seguido, se inició la confrontación entre el Frente Polisario y Marruecos, la construcción del muro y la demora del tan ansiado referéndum del Polisario a la búsqueda de su independencia. Tampoco ha quedado dilucidado el reparto de ese territorio entre Argelia y Marruecos, motivo de la guerra entre ambos países (1976), una vez Mauritania se apeó de sus pretensiones sobre el sur del territorio.

El presidente Trump, en su primer mandato (2020), reconoció la soberanía de Marruecos sobre el Sahara Occidental, y el presidente del Gobierno español, Pedro Sánchez, remitió una carta al rey de Marruecos, Mohamed VI (14 de marzo de 2022) aceptando la fórmula de la autonomía para la región, propugnada por Rabat.[53]

Libia

Libia, como otros países vecinos de la cornisa mediterránea, formaba parte del Imperio otomano, antes de que Italia,

---

52 Annual puso fin a la Restauración, abrió la puerta a la dictadura de Primo de Ribera. Fue un suceso traumático para España, influyendo poderosamente en la desconfianza del pueblo español en Alfonso XIII, que, seis años más tarde, se vería forzado a partir al exilio, tras el éxito de la República.

53 Conviene recordar que España está considerada por la ONU como potencia administradora del territorio, a efectos de convocar un potencial referéndum.

marginada en la Conferencia de Berlín, obtuviese una cierta aceptación para ocupar los territorios de Cirenaica y Tripolitania, por su proximidad a Sicilia.

En 1911, Italia invadía esas regiones y consumaba su ocupación, tras la guerra ítalo-turca y la rúbrica del Tratado de Lausana, en octubre de 1912.

El alineamiento de Italia con la Alemania nazi, en la II G. M., le supuso la pérdida de esos territorios africanos que pasaron provisionalmente a ser controlados por Gran Bretaña y por Francia.[54]

En 1951, Libia se independizó, terminando así con la situación provisional de la postguerra, entronizando al rey Idris as-Samussi, cuyo reinado finalizaría en septiembre de 1969, golpe de Estado mediante, dirigido por un coronel poco conocido hasta entonces, Muammar Gadafi. Su liderazgo e influencia iban a durar 42 años.

Gadafi, erigido en jefe totalitario, se iba a convertir en una pesadilla y una amenaza para el mundo occidental, por su decidido apoyo y práctica del terrorismo de Estado. Sería el caso de la discoteca la Belle, en Berlín (1986), la explosión en vuelo del avión de Pan Am sobre la ciudad escocesa de Lockerbie (1988), o del avión de la compañía francesa UTA (1989), cuando sobrevolaba el desierto de Sahara. A ello hay que añadir el hecho de haber convertido a Libia en un refugio de movimientos radicales no sólo islámicos (Al Qaeda, Hermanos Musulmanes, Al-Fatah), sino puramente terroristas como las Brigadas Rojas, Bader Meinhof o ETA, entre otras.

El giro dado por Gadafi, tras comprobar que la vía radical-terrorista no conducía a ningún resultado, salvo a la animadversión y aislamiento por parte de las potencias

---

54 TERREROS CEBALLOS, Gonzalo, *Conflictos Internacionales II. Orígenes y causas. El final de la URSS, Cachemira y la Primavera Árabe,* Letras de Autor, 2018, pp. 159 ss.

occidentales, rectificó, intentando alinearse con EE. UU. y Europa –quizás demasiado tarde–, aceptando su responsabilidad en el atentad aéreo de Lockerbie, e indemnizando a los familiares de sus 259 víctimas, condenando los atentados del 11S, suscribiendo el Tratado de no Proliferación de Armas Nucleares, así como comprometiéndose a la eliminación de todas sus armas de destrucción masiva.

En el interior, las revueltas fueron arreciando con especial agresividad en la zona de Bengasi, al este del país. Pronto se convertiría en una confrontación armada entre los rebeldes, junto a buena parte del ejército, y las milicias de Gadafi, con importante presencia de mercenarios extranjeros. Las represalias fueron de tal crudeza que el Consejo de Seguridad de la ONU autorizó la intervención del Tribunal Penal Internacional, además del embargo de armas y el bloqueo de fondos libios en el extranjero. Intervinieron la OTAN y Francia, Gran Bretaña y Estados Unidos, reconocieron al Consejo Nacional de Transición (CNT) como gobierno legítimo, a la vez que iniciaban la ofensiva militar «Odisea al Amanecer».[55] Poco después, Gadafi y su hijo Mutasim morían asesinados, presumiblemente por las fuerzas captoras.

Tras la muerte del líder, las múltiples facciones armadas provocaron una nueva guerra civil, ante la incapacidad de unir la Cámara de Representantes y el Congreso Nacional, quedando dividido el territorio, pese al compromiso de sus líderes, reunidos en París con el presidente Macron en julio de 2017.

Hoy, Libia es un Estado fallido, dividido en dos frentes irreconciliables, con una población empobrecida y condenada a la emigración, todo ello, pese a las inmensas reservas de hidrocarburos de su subsuelo.

---

55 Ibid., p. 164.

El Congo Belga

Como ya se ha señalado, desde el descubrimiento por los portugueses, el río Congo fue la puerta de exploradores hacia África central y oriental, a la vez que, posteriormente, objeto de exploración por Stanley, por mandato del rey belga, a cuya propiedad privada se vincularía tan vasto como rico territorio en la, ya citada, Conferencia de Berlín. Más tarde, pasaría a convertirse en una colonia de Bélgica.

En la fase inicial, la delimitación de fronteras provocó confrontaciones muy cruentas, siempre justificadas con el engaño del proselitismo, con los árabes swajili.[56] La inhumana explotación de los recursos del país durante el reinado de Leopoldo II, cambió bajo el reinado de su sucesor, Alberto I, con un régimen más acorde con los modelos de explotación de otras potencias europeas, iniciándose, entonces sí, el programa social, cultural y humanitario con la población congoleña, además del cambio del modelo de explotación, con un creciente peso de la agricultura, frente al caucho, marfil y esclavos, del reinado precedente.[57]

En la Primera Guerra Mundial, de la misma forma que la neutralidad de Bélgica no impidió la conquista y el saqueo del país por parte de Alemania, su colonia africana fue igualmente atacada por Alemania desde el lago Tanganika, atraída por las riquezas del subsuelo de Katanga, llegando a ocupar territorios en Kivu. La reacción del general Tombeur, dirigente de la Force Publique, consiguió revertir el ataque alemán, llegando a hacerse con la ciudad de Kigali (actual

---

56 FORBATH, Peter, *El río Congo. Descubrimiento, exploración y explotación del río más dramático de la Tierra,* Turner-Fondo de Cultura Económica, Madrid, 1997, p. 416.

57 TERREROS, Gonzalo, *Conflictos internacionales. Orígenes y causas,* Bubok Ed., Madrid, 2015, p. 242.

capital de Ruanda) y ocupar dos tercios del África Oriental Alemana.

Durante el período de entreguerras, el Congo registró un claro avance en las mejoras sociales de todo tipo, sin que se evitara una clara discriminación de la población de color, cuyo malestar fue *in crescendo*, hasta llegar a movimientos rebeldes organizados, con frecuencia, apoyados por los misioneros, que fueron reprimidos con dureza. La crisis económica de 1929, tuvo un impacto catastrófico en la minería de Katanga.

La involucración del Congo en la II G. M. fue más intensa que en la Gran Guerra, una vez el gobierno belga tomó partido por los aliados frente a Alemania. El norte de África y el Cuerno de África fueron testigos de buena parte de la contienda. Fuerzas del Congo intervinieron en Nigeria, Sudán y Egipto, batieron a las fuerzas italianas en Etiopía, y llegando a operar en Palestina, en apoyo de los aliados, en 1945. En sus contactos con las tropas coloniales inglesas, los congoleños observaron con resentimiento la ausencia de nativos en la cadena de mando de sus unidades, frente a la situación de las tropas británicas en las que abundaban los mandos de origen colonial. [58]

El crecimiento de la población urbana y la mejora en los niveles de vida permitió el nacimiento de minoría mejor formadas («evolués»), que podría equipararse a una clase media de asalariados, funcionarios, enseñantes o profesionales, entre los que crecían inquietudes de autogobierno e independencia.

Cuando Lumumba, funcionario de correos y vendedor de la mayor fábrica de cerveza del Congo, regresó de la Exposición Universal de Bruselas (1958), decidió crear un partido radical para las masas, el Movimiento Nacional Congoleño

---

58 Ibid. p. 246.

(MNC). Anteriormente, en 1955, Kasavubu dirigió un movimiento, Alianza de los Bakongo (ABAKO), en defensa de la lengua y de la cultura originarias, que pronto transformó en partido político. En ese mismo año, Van Bilsen publicó en una revista flamenca un «Plan de treinta años para la emancipación del África belga», propuesta que fue rechazada por Kasavubu y por los líderes locales congoleños. La revista *Conciencia Africana,* editó un «Manifiesto» en que, entre otras cosas, se decía: «queremos ser congoleños cultivados, no europeos de color». Kasavubu y la ABAKO reaccionaron ante esta iniciativa con un «Contra-manifiesto», rechazando de plano el dilatado plazo para la emancipación y reclamando la independencia inmediata, sin dilaciones. Asimismo, proponía la organización federal del Estado, frente al planteamiento unitario del Manifiesto. En 1959, Kasavubu anunció la fusión del MNC con la ABAKO. El ambiente de autodeterminación se iba generalizando en el país.

El 20 de enero de 1960, se celebró en Bruselas la Conferencia Belgo-Congoleña, para establecer el proceso de independencia de la colonia. El 30 de junio de 1960, el Congo Belga consumaba su independencia, dando origen a desórdenes y motines que provocaron la ruptura de relaciones diplomáticas con Bélgica y el envío de cascos azules de la ONU para su pacificación.

Frente a lo ocurrido en Argelia, la independencia del Congo Belga fue pacífica respecto a su metrópoli belga, no así la convivencia interna del nuevo Estado.

Las elecciones generales permitieron nombrar a Kasavubu como presidente y a Lumumba como primer ministro. No duró mucho la convivencia pacífica. Kasavubu destituyó a Lumumba y, el 11 de julio, Tshombe anunciaba la secesión de Katanga.

El desorden y el caos se desataron en todo el país, con destrucción y saqueos de las viviendas de los belgas, violación de mujeres y todo género de tropelías que forzaron a la población blanca a una salida precipitada.[59]

Tras el asesinato de Lumumba en Katanga, Tshombe se distanció de las propuestas unitarias, entrando en secesión.[60] En unas cuantas semanas de independencia, el país había quedado dividido en cuatro regiones, cada una de ellas con su propia milicia y con diferentes líderes (Lumumba, Tshombe, Kasavubu, Mobutu) con diversos apoyos exteriores.

Tshombe inició la secesión de Katanga apoyado por sus mercenarios blancos, cuya brutalidad requirió la presencia de fuerzas de la ONU, hasta enero. Para sorpresa general, Kasavubu, tras declarar el estado de excepción, llamó a Tshombe del exilio, quien, ante la ineficacia de las FP, las sustituyó por mercenarios que pronto compitieron en ferocidad con los simba, cuya influencia quedó minimizada después de una durísima campaña que frenó su expansión.

En noviembre de 1964, la situación requirió la intervención de la ONU, produciéndose un ataque combinado de la aviación norteamericana y paracaidistas belgas para poner fin a la rebelión de la provincia de Oriente. Con el cese de Tshombe y la confirmación de Mobutu, terminaba la primera república del Congo, para dar inicio a una nueva etapa, no menos convulsa, bajo la férula de Mobutu que se prolongaría hasta 1997.

Pese a la brutalidad de la explotación del Congo Belga, la independencia del Congo se logró pacíficamente, sin confrontación con su metrópoli, pero la experiencia de sus primeros años de libertad no pudo ser más convulsa e inestable, sin

---

59 La compañía aérea belga Sabena organizó un puente aéreo para facilitar la huida de los belgas residentes en Congo.

60 FORBATH, Peter, *El río Congo...*, op. cit., p. 202.

que faltara el intento de escisión de la parte más rica del país, Katanga.

Angola

La singularidad de la independencia de Angola, tras años de guerra contra el ejército portugués, radica en la inmediatez con la que las organizaciones que lograron la firma de la independencia en el Tratado de Alvor, en 1975, se enzarzaron en una larga guerra civil por el control del territorio angoleño, con apoyo de estados y organizaciones africanas e internacionales, cuyas ayudas prolongaron la guerra hasta 2022.

Conviene recordar que desde 1955, Angola es un importante productor de petróleo –1,23 millones de barriles diarios–,[61] cuyo valor representa el 95 % de del valor de sus exportaciones y el 75 % de las rentas estatales. A ello hay que añadir sus riquezas mineras, incluido el oro, y su pródiga agricultura.

Portugal consiguió en la Conferencia de Berlín que sus enclaves del Atlántico, bases para su navegación hacia la India, le facilitaran la adquisición de la colonia de Angola, además de Mozambique, en este caso en la costa africana del Índico,

Como sucedió en otros muchos enclaves coloniales, fueron brotando inquietudes y movimientos en pro de la autonomía, con frecuencia, apoyados por potencias exteriores, afines a la ideología de los independentistas. La Guerra Fría propició esta polarización.

En 1956, nacía de la mano de Agostino Neto, de marcada tendencia izquierdista, el Movimiento Popular de Liberación de Angola (MPLA), y, un año más tarde, Holden Roberto

---

61 El primer país africano por su producción de petróleo es Nigeria (1,73 millones de barriles diarios), seguido por Libia (1,24), Angola (1,23), Argelia (1,16).

creó la Uniao de Populaçoes de Angola (UPA), igualmente de marcado carácter izquierdista, posteriormente integrado en el Frente Nacional para la Liberación de Angola (FNLA). Quedaba por aparecer el tercero en discordia que nacería en 1966, bajo la dirección de Jonás Sabimbi, dirigente del FNLA, quien creaba un nuevo movimiento, bautizado como Unión Nacional para la Independencia Total de Angola (UNITA), brazo político de las Fuerzas Armadas de Liberación de Angola, creado para batir al MPLA, apoyado por la URSS, Cuba y Argelia. Por último, en 1963, se creó el Frente para la Liberación del Enclave de Cabinda (FLEC), pequeño territorio separado de Angola por la estrecha franja por la que la RDC accede al Atlántico, en la desembocadura del río Congo.

Tantos protagonistas, con idearios y apoyos de diversa orientación política, irremediablemente tenían que chocar. Así ocurrió. En febrero de 1961, el MPLA atacó la prisión de Luanda, liberó a cientos de presos, dando inicio a la guerra. Un mes después, la UPA se movilizó en el norte, iniciando una campaña cruenta que terminó con la vida de más de 6000 angoleños y unos 2000 portugueses. Ante tamaños desórdenes, Portugal envió 60 000 soldados para sofocar la rebelión, objetivo que se cumplió con 50 000 bajas en ambos lados.

La Revolución de los Claveles, de abril de 1974, contra la dictadura salazarista en Portugal, dejó clara la fatiga de la oficialidad del ejército portugués con respecto a las guerras coloniales, renunciando a seguir la guerra, tanto en Angola como en Mozambique y Guinea Bissau, ratificando su decisión en el Tratado de Alvar (enero de 1975).

Un año después, la ONU y los Estados Unidos de América reconocían al gobierno del MPLA como legítimo representante del país, lo que no impidió un golpe de Estado de una fracción del MPLA, al mando de Nico Alves, derrotado por

Agostino Neto. La guerra, con participación cubana, duraría todavía varias décadas.

Ni el acuerdo Trilateral de Nueva York (diciembre 1988), ni los acuerdos firmados en Estoril, en 1991, entre Portugal, la ONU y la URSS, lograron estabilizar el país. Tampoco los acuerdos de Lusaka, en Zambia, en 1994, entre UNITA y el gobierno del MPLA, contentaron a Savimbi, quien continuó la guerra, a la que se unían matanzas étnicas y asesinatos extendidos por todo el territorio. Sólo la muerte de Savimbi, abatido por tropas gubernamentales, en 2002, permitió finalizar tan larga y compleja contienda.

Mozambique

En la independencia de Mozambique nos encontramos de nuevo un esquema en el que se producen sucesivamente una guerra de independencia, en este caso contra Portugal, y una guerra civil, entre dos partidos de ideología y apoyos antagónicos, por el control del estado independizado.

Mozambique, desde 1505, fue para Portugal un asentamiento en la costa africana del Índico, muy útil para sus viajes hacia el sur asiático y para el comercio de esclavos, dada su proximidad a la isla de Zanzíbar (hoy perteneciente a Tanzania), convertida en el centro del tráfico esclavista en el océano Índico.

Tras las luchas, en 1902, con el imperio de Gaza, integrado por colonias de Mozambique y Zimbabue, Portugal estableció la capitalidad de la colonia en Lourenço Marques –en la actualidad, Maputo– y continuó con una intensa explotación colonial de los recursos agrícolas y de las riquezas minerales, incluido el oro, sin evidentes efectos en favor del bienestar de los habitantes originales de la colonia, situación que alimentó las actitudes independentistas, en línea con las que, en esos años, se generalizaban en África y Asia, en sus relaciones con Europa.

En 1964, la organización Frente de Liberación de Mozambique (FRELIMO), creada por Mondlane, dos años antes, inició una sublevación independentista contra el régimen autoritario portugués del Estado Novo, mediante una guerra de guerrillas, guerra que se extendió hasta 1974, fecha de la Revolución de los Claveles en Lisboa, que terminó con la dictadura salazarista, y propició la independencia de Mozambique, el 25 de junio de 1975.

Portugal reprimió con contundencia la guerra desatada por el FRELIMO, empezando por asesinar a su fundador mediante un libro-bomba, presumiblemente con la colaboración de la policía secreta portuguesa, PIDE. Empleó armamento pesado, junto a una intensa actividad de su fuerza aérea. Abundaron las matanzas de civiles –un ejemplo fue la matanza de Wiruyamu– y los incendios de poblados y cosechas. Todo ello fue minando la moral de la población portuguesa y de varias secciones de sus Fuerzas Armadas, lo que unido a la corriente antisalazarista, vencedora en la mencionada Revolución de los Claveles, propició los acuerdos de Lusaka (septiembre de 1974), en los que Portugal transfirió sus poderes al FRELIMO, iniciándose una salida hacia la metrópoli de más de 200 000 colonos y miembros de la administración colonial. Tras la independencia formal, Samora Machel, del FRELIMO, fue su primer presidente hasta su fallecimiento en 1986, en un accidente aéreo, posiblemente provocado.

La independencia, una vez más, no fue garantía de estabilidad de los movimientos promotores de la misma. Todo lo contrario. La RENAMO inició una campaña contra el FRELIMO, situado en el poder, en una guerra civil de inusitada crueldad, bajo el lema «derrotar al comunismo macheliano».

En esta confrontación destacó el apoyo de potencias extranjeras a cada uno de los partidos enfrentados en la contienda. Hasta la paz firmada en Roma en 1992, se cometieron crímenes de guerra y de lesa humanidad, se esparcieron por todo el territorio minas, con efectos letales en la población civil, se recurrió a los niños-soldado, abundaron las mutilaciones, redadas y trabajos forzados. Estas atrocidades hicieron que los EE. UU. retiraran su apoyo a RENAMO.

Pese al acuerdo de paz, y al despliegue de 7500 soldados de la UNU en la Operación de Naciones Unidas en Mozambique (UNOMOZ), las guerrillas no cesaron. Todavía en 2013, se repite el proceso: vuelta de RENAMO a la insurgencia, firma de cese de hostilidades, elecciones generales y resultados de validez no reconocida por la RENAMO. Todos los presidentes de Mozambique desde su independencia han salido de las filas del FRELIMO, lo que ha originado reiteradas tensiones y querellas con su oponente RENAMO.

Nigeria

La historia de la independencia de Nigeria y de los años que transcurren hasta muy recientemente está protagonizada por las luchas civiles entre etnias y regiones, y las aspiraciones secesionistas de una región, tristemente célebre, Biafra, además de la presencia del Estado Islámico, en versión local (Boko Haram), de una violencia inusitada.

Como telón de fondo de esas confrontaciones se sitúa el petróleo, descubierto en 1957, causante de querellas internas, corrupción y contaminación, hasta tal extremo que se ha generalizado la expresión de «la maldición del petróleo» para Nigeria.[62] Otra cuestión que ha enfrentado a los nigerianos ha

---

62 Nigeria, por mediación de la Nigerian National Petroleum Company (NNPC) y sus socios, produce 1,8 millones de barriles de petróleo diarios, ocupando el primer puesto de los países africanos y el decimocuarto del mundo.

sido la estructura del Estado y el debate entre Estado integrado vs. federación.

Nigeria fue declarada protectorado británico tras la Conferencia de Berlín, incluyendo territorios del norte poblados por los Hausa-Fulani, musulmanes, los Yaruba, en el suroeste y los Ibos, cristianos, en el sur, en la zona donde se sitúa Biafra. Posteriormente, en 1914, pasó a ser colonia.

Tras la IIGM, a consecuencia del aumento de los sentimientos nacionalistas, y la creación del Consejo Nacional de Nigeria y Camerún, líder de la reclamación de independencia de Nigeria de la Commonwealth, los ingleses, en 1963, abandonaron el territorio, momento en el que nace la República Federal de Nigeria. Se iniciaba una serie de tensiones interétnicas, polémicas relacionadas con la estructura del país, golpes de Estado, respaldados por las etnias más significativas, hasta la declaración por los Ibos de la independencia de la República de Biafra (30 de mayo de 1967). Con este movimiento daba comienzo la guerra civil de secesión que duraría tres años, en los que abundaron hambrunas y matanzas, calculándose que el número de muertos rebasó los dos millones (la mayoría biafreños) y un millón el de desplazados a países limítrofes.

Después de la declaración de independencia, la inestabilidad política continuó, con una sucesión de golpes de Estado militares,[63] una presidencia dictatorial (Abacha) de la tercera república, que llegó hasta 1999, cuando se celebraron las primeras elecciones para constituir un gobierno de civiles de la cuarta república con componentes del partido ganador –Partido Democrático Popular (PDP)–, lo que no evitó la corrupción y la violencia reinante en el país.

---

63 Golpes militares de Estado durante la guerra civil nigeriana: 1966, 1975, 1983, 1985,1990, 1993, 1996.

La última fase de Nigeria ha estado condicionada por la presencia de Boko Haram, versión local del Estado Islámico, cuyo propósito es el derrocamiento del gobierno actual para remplazarlo por otro, basado en la *sharía* islámica.

Desde su fundación a finales de los noventa, ha mantenido un activismo desestabilizador, yendo desde su enfrentamiento armado con el gobierno de 2009, en el que murió su fundador, Muhamed Yusuf, hasta ataques suicidas (incluido el perpetrado contra la sede de la ONU en Abuja, en 2011), matanzas de civiles, ataques a escuelas[64] e intereses occidentales, quema de poblados, ejecuciones sumarias, violencia sexual con las mujeres, toma de rehenes y confrontación con fuerzas policiales y militares.

La acción de Boko Haram se ha extendido a las zonas limítrofes del este de Nigeria, próximas al lago Chad (Níger, Camerún y Chad), donde, además de las actividades terroristas señaladas, se mantiene una guerra entre las dos facciones en que se ha dividido la organización original: la ISWAP –Estado Islámico Provincia de África Occidental– y JAS –Jam'atu Ahlis Sunna–, destacando esta última por su violencia indiscriminada, frente a una política más matizada de ISWAP, en cuanto a la forma de tratar a la población civil.

La actividad terrorista de estas organizaciones yihadistas sigue dando golpes en la sociedad nigeriana, demostrando que están lejos de haber sido controladas.

Sudáfrica

La historia de Sudáfrica y su independencia están plagadas de singularidades, en particular, la segregación racial, cuya radicalidad rebasa el ámbito del país, para convertirse

---

64 El más conocido, fue el ataque, en abril de 2014, a una escuela de niñas de Chibok y el secuestro de 276 estudiantes.

en un fenómeno de dimensión e importancia mundial, sin parangón.

La situación geográfica del país jugó un papel relevante en el interés de diversas potencias –Portugal, Inglaterra y Holanda– para el establecimiento de rutas navales entre Europa y sus colonias asiáticas, a lo que habría que añadir el descubrimiento de importantes reservas de oro y diamantes y la feracidad de su agricultura.

La población que encontraron los portugueses a su llegada era una mezcla de los pueblos bantú, ancestros de los zulús, de los xhosas y de los endebele, un auténtico caleidoscopio que justifica la existencia en la república actual de once lenguas oficiales.

Ya se ha mencionado anteriormente la proeza del portugués Bartolomeu Dias al doblar el cabo de las Tormentas o de Buena Esperanza, en 1488, y su desembarco en la bahía de Algora, abriendo la ruta naval hacia Asia y el sudeste africano, vía que aprovecharían los ingleses y holandeses, con colonias en Asia.

Poco después, en 1497, su compatriota, Vasco de Gama, camino de la India, desembarcó en la bahía de Saint Helem, denominándola Natal, y Antonio Saldhana llegó a la bahía de Table, posteriormente frecuentada por barcos ingleses y holandeses. De hecho, sería el navegante holandés Jan van Riebeeck quien, en 1692, creó la Ciudad del Cabo para el abastecimiento de los barcos de la Compañía Holandesa de las Indias Orientales.[65]

---

65 Los bóers o afrikáners son europeos holandeses, cristianos calvinistas, llegados al Cabo de Buena Esperanza en el siglo XVII, desde donde se expandieron hacia el interior de Sudáfrica y Namibia, teniendo que hacer frente a los bantúes y a los ingleses, llegando a controlar la Unión Sudafricana, fundada por los británicos en 1910. Hoy son una minoría, pese a haber gobernado en 1948, mediante su formación política, el Partido Nacional.

Después de permanentes conflictos con los locales JoiJoi, decidieron transformar la base en colonia.[66] Lo barcos ingleses y holandeses hacían escala en la bahía de Table. Desde allí, ya en el siglo XVII, los holandeses inician una expansión hacia el interior, haciéndose con tierras mediante luchas con los habitantes xhosa, poblándolas con esclavos traídos de Angola y Ghana, progresando en sus ocupaciones en permanentes confrontaciones con las tribus locales. Tras esta primera ocupación, llegaron hugonotes franceses y ciudadanos alemanes, dando origen al pueblo Afrikáner, conglomerado de europeos, mayoritariamente holandeses, cuyo idioma se estableció como oficial.[67] Durante los siglos posteriores, el flujo de esclavos aumentó significativamente, a la vez que los afrikáners se fueron expandiendo hacia el interior. La presencia de esclavos y la condición europea del afrikáner dieron origen a la consolidación de las castas.

Aprovechando las guerras napoleónicas en Europa, Inglaterra desembarcó con 6700 hombres en la bahía de Table, llegando a un acuerdo con Holanda (Convención de Londres de 1814), por el que le cedía a gran Bretaña la soberanía de El Cabo, hecho que atrajo a inmigrantes británicos, cuya expansión hubo de hacerse en guerra contra los zulúes. Todos los esclavos de El Cabo fueron manumitidos. [68]

Por su parte, los bóers inician su expansión hacia el interior (Gran Treck o Gran Viaje), se enfrentaron y derrotaron a los zulúes (Batalla de Blood River) y bantúes y fundaron la república de Natal. Crearon el Estado Libre de Orange y la

---

66 ROSS, Robert, *Historia de Sudáfrica,* Akal, 2006, p. 23.

67 OJEDA, Enrique, *Sudáfrica y el camino hacia la libertad,* Cátedra, 2021, p. 34.

68 Los ingleses habían conquistado la ciudad de El Cabo, en 1795, cediéndola tres años después a los holandeses, para ser devuelta a los ingleses en 1814.

República de Transvaal. Poco después, en 1843, el gobierno británico se anexionó Natal.

Más tarde, en 1864, se produce el descubrimiento de diamantes en Kimberley, y de oro en Transvaal, provocando un sensible aumento de la población, atraída por las oportunidades de trabajo de tan importante hallazgo. Transvaal es anexionado a la colonia de El Cabo. Allí nace la sociedad de Rhodes, De Beers Consolidated Mines. De hecho, Natal, las repúblicas bóeres y Estados independientes fueron anexionadas por Gran Bretaña bajo su dominio.

Ante el fracaso de la propuesta inglesa para crear una confederación, aumentaron las tensiones para el control del territorio, entre los ingleses y el Estado Libre de Orange. Daban comienzo a treinta años de enfrentamientos, conocidos como las guerras anglo-bóer.

En 1877, se produce la anexión de Transvaal a los dominios del Reino Unido. Tras una campaña contra los zulú, los británicos pasaron a controlar casi totalidad de las colonias de Sudáfrica, provocando la protesta de los bóer, protesta que pronto se convirtió en un asedio armado a las guarniciones británicas. Comenzaba así la primera guerra anglo-bóer, también conocida como de Transvaal, cuyo desarrollo detallado fue transmitido por Churchill, como corresponsal de guerra del *Morning Post* de Londres.[69]

La humillante batalla de Majuba, en febrero de 1881, culminó el desastre de los británicos, forzando a Gladstone a firmar un tratado de paz, concediendo el autogobierno a Transvaal.

La contraofensiva británica (segunda guerra Anglo-Bóer), tuvo un comienzo igualmente desastroso para los ingleses, con la pérdida de la batalla de Colenso, en diciembre de 1899. La contraofensiva británica, con una fuerza de 450 000

---

69 CHURCHILL, Winston, *The Boer war,* Pimlico, London, 2002, *passim.*

soldados, terminó con la derrota de los bóers y las conversaciones de paz de 1902.

La guerra se había desarrollado con todo tipo de brutalidades salvajes, incluyendo campos de concentración, donde miles de civiles perecieron de inanición. Por el tratado de Vereeniging Transvaal dejó de existir como territorio autónomo, pasando, junto con el Estado Libre de Orange, a integrarse en los dominios de Gran Bretaña. Los británicos, dada la escasez de mano de obra para la explotación del oro, trajeron 60 000 obreros chinos y progresaron en la pacificación del territorio mediante la unificación lograda por los generales Botha y Smuts, en 1907, una vez ganaron las elecciones en Transvaal en representación de su «Partido de Sudáfrica».[70]

En 1909, El Cabo, Natal, Transvaal y Orange se convertían en provincias de la Unión Sudafricana y, un año más tarde, entraba en vigor la Constitución. Louis Botha, líder del South African Party (SAP), era nombrado primer ministro.

Ante el auge del sentimiento nacionalista afrikáner,[71] germen de los movimientos de emancipación, catalizado por las enseñanzas en las escuelas y misiones, los ingleses iniciaron una legislación represiva, con prohibiciones de huelgas a los negros (*Native Labor Regulation Act,* de 1910), medidas de protección para los blancos (*Defence Act,* de 1911), limitaciones al libre asentamiento de los negros, precursora del sistema de *apartheid* (*Natives Land Act,* de 1911). Un año después, se crea el *South African Native National Party,* posteriormente transformado, en 1993, en el *Congreso Nacional Africano* (ANC), opuesto a la Land Act de 1913 y en favor de la unidad nacional y la eliminación de derechos y privilegios,

---

70 ILIFFE, John, *Historia de un continente...,* op. cit., p. 411.

71 OJEDA, Enrique, *Sudáfrica y el camino...,* op. cit., p. 47.

posteriormente liderado por Mandela, llamado a jugar un papel determinante en la lucha contra el *apartheid*.

El National Party, en 1948, consiguió movilizar al electorado blanco en favor de la política racial de segregación rígida (*apartheid*), suprimiendo los matrimonios mixtos, estableciendo procedimientos de clasificación racial o fijando criterios de segregación obligatoria en áreas asignadas a cada grupo racial (*homelands*).[72] En los años posteriores, se aprobó un paquete legislativo que llevó al culmen de la separación racial en todos los ámbitos de la organización social sudafricana. En 1949, se estableció la prohibición de matrimonios mixtos en la *Prohibition of Mixed Marriages Act*. En 1950, se aprobó la *Suppression of Communism Act* y la obligación de registrarse según su clasificación racial (bantúes o nativos, europeos o blancos, asiáticos y «coloured»). Ese mismo año, la *Morality Act* prohíbe las relaciones extraconyugales entre blancos y negros; y la *Group Areas Act,* dando nacimiento a los guetos y los suburbios para negros. Se establece la educación separada por razas, así como la creación de los «bantustanes» o «homelands» para la población negra.[73]

Durante esos años, surgieron con fuerza movimientos sociales, como el de Soweto[74] o Crossroads, en Ciudad del Cabo, que fueron reprimidos con una violencia inusitada e indiscriminada sobre la población civil de color, provocando la generalización de las protestas por todo el país.[75] Como señala Cooper: «En los ochenta Sudáfrica se convirtió en un estado policial que controlaba con rigor la separación y

---

72 ILIFFE, John, *Historia de un continente...*, op. cit., p. 413.

73 OJEDA, Enrique, *Sudáfrica y el camino...*, op. cit., pp. 57 s.s.

74 En el levantamiento de Soweto de 1976, se registraron 575 muertos y más de 2000 heridos.

75 ROSS, Robert, *Historia de Sudáfrica,* op. cit., p. 160.

otras normas del *apartheid*, y se asesinaba a opositores».[76] Todo ello provocó un desarrollo del activismo político con el movimiento universitario Conciencia Negra y la Asociación de Estudiantes Sudafricanos (SASO), cuyo fundador murió asesinado por la policía, y, sobre todo, mediante la presión sindical, con la integración de todos los sindicatos en el Congreso de Sindicatos de Sudáfrica (CONSATU). Este proceso provocó el enfrentamiento de esta organización con Inkata y ANC, iniciándose, *de facto*, el comienzo de la decadencia del *apartheid*, liderado por la asociación de organizaciones regionales anti*apartheid* el Frente Democrático Unido (UDF), creado en 1983.

En la historia del *apartheid* sudafricano destaca una persona que alcanzó renombre mundial por la lucha de la igualdad de las razas. Se trata de Nelson Mandela, originario del pueblo Xhosa, nacido de una familia de la realeza local, en 1918. Como en otros casos de líderes anteriormente comentados, su formación universitaria y su contacto con el mundo exterior, fueron elementos capitales para su trayectoria vital.

Su protesta pacífica, inspirada en Gandhi y Nehru, contra la discriminación racial y en favor de la igualdad de derechos civiles, le llevó a una primera estancia en prisión, tras ser juzgado por traición.

En un momento determinado, llegó a la conclusión de que el CNA no tenía otra alternativa en su política igualitaria que la lucha armada. El MK se convirtió en el brazo armado del CNA.

Posteriormente, en 1962, Mandela, nuevamente arrestado y juzgado –proceso de Rivonia– fue condenado a cadena perpetua. Tras deambular por varias prisiones durante veintiséis años, fue liberado en 1988, después de una campaña en su

---

76 COOPER, Frederick. *Historia de África...*, op. cit., p. 283.

favor de líderes mundiales (Reagan, Thatcher, entre otros) y una presión de la opinión pública mundial. En 1993, se le concedió el premio Nóbel de la Paz. Mandela murió en 2013.

Egipto

Como otros países africanos del Mediterráneo, Egipto llegó al siglo XIX integrado en el Imperio otomano, desde su conquista, en 1517, en lucha contra los mamelucos. Bajo el mandato de Muhammad Alí, se ocupó Grecia, sin éxito, lo que desvió sus ansias expansionistas hacia el este, llegando hasta Damasco y Anatolia, en 1832. El enfrentamiento con los otomanos, surgió de nuevo cuando, en 1836, Alí manifestó su deseo de independencia para construir un reino hereditario.

Tras la muerte de Alí, el pachá, bajo influencia francesa, otorgó, a Lesseps la concesión para la construcción del Canal, de Suez, que sería inaugurado en 1869. A partir de ese momento, el Canal iba a jugar una baza de gran importancia en el devenir del país.

El elevado endeudamiento del país le forzó a la venta de las acciones del Canal a Gran Bretaña, seguido de la ocupación inglesa, declarado posteriormente, en la IGM, protectorado británico, base de operaciones contra los otomanos, aliados con Alemania.

La revolución de 1919 forzó a Gran Bretaña a reconocer la independencia de Egipto, si bien no llegó a ser plena hasta el Tratado Anglo-Egipcio de 1936.

Como en la mayor parte de los casos anteriormente analizados, el malestar por la dependencia de un país colonizado ha precisado de un líder carismático que haya catalizado el proceso de secesión con el apoyo de su población, y, con frecuencia, con recurso a las armas. En el caso de Egipto, esa figura fue Gamal Abdel Nasser, cuya ideología socialista y panarabista rebasó los límites de Egipto, influyendo en movimientos independentistas de otros países africanos, tras su intervención activa en la Conferencia de Bandung, celebrad en 1955, antecedente del Movimiento de Países no Alineados, y pieza clave para la descolonización de países asiáticos y africanos.

Nasser, militar, alcanzó la presidencia del país, en 1952, mediante un golpe de Estado incruento del grupo Oficiales Libres y el derrocamiento del rey Faruq, además de desligarse de su relación de dependencia de la Gran Bretaña. Su mandato se distinguió por la aplicación de medidas sociales, ayudas estatales a los más desprotegidos y la anulación de privilegios de los grandes terratenientes. Asimismo, la nacionalización del Canal de Suez y acometió la construcción de la gran presa de Asuán. Todas estas medidas pusieron en una situación difícil a las finanzas del Estado, si bien, el golpe mortal se lo dio Israel en la Guerra de los Seis Días, en 1967.

El bloqueo de los estrechos de Tirán y el despliegue de tropas egipcias en la península del Sinaí fue considerado *casus belli* por Israel. En una *Blitz Krieg,* la aviación y los tanques israelitas ocuparon el Sinaí, terminando por adueñarse de Gaza, Cisjordania, la península del Sinaí y los Altos del Golán. Tamaña derrota llevó a Nasser a la dimisión, siendo sustituido como presidente por Anwar el Sadat, quien sería el que firmase los acuerdos de paz con Israel, en Camp David, en septiembre de 1978, lo que le permitió recuperar la península del Sinaí, incorporada a Israel, tras la guerra del Yom Kippur (1973). El acercamiento de Sadat a Israel (viaje a Jerusalén para intervenir en la Knesset, en noviembre de 1976), además de enemistarle con los países árabes, provocó reacciones en su contra dentro de Egipto, que terminarían con su asesinato cuando presidía una parada militar, el 6 de octubre de 1981.[77]

Nasser fracasó en la creación de la República Árabe Unida con Siria, proyecto de vida muy breve (1958-1961) a causa de la actitud de los militares sirios. Su régimen fue un tanto populista, a la vez que autocrático. Se abolieron los partidos políticos y se reprimió a los Hermanos Musulmanes, movimiento creado en 1928, con tendencia un tanto integrista. Sería esta organización la pieza clave que terminó con el mandato de Mubarak, en 2011.[78]

5.3 Guerras civiles e interétnicas

La culminación del proceso independentista de los países africanos –la mayoría, en la década de los sesenta del pasado siglo–, no es el final de sus inquietudes y de sus problemas, hasta entonces, imputados a la política colonial, sino el principio de una nueva etapa en la que quedaron de manifiesto las propias debilidades de la cultura africana, en gran medida derivados del poderoso dominio mental del colonialismo. Como señala Cooper, tras las primeras frustraciones, «algunos académicos empezaron a plantear que la independencia era una ilusión: los nuevos Estados de África eran «neocoloniales», políticamente soberanos, pero dependientes en lo económico y carentes de confianza en su propia cultura.[79]

Salvo una élite muy minoritaria, la población africana ni se había beneficiado de la política extractiva de las metrópolis, ni, pese a la labor de las misiones religiosas, habían avanzado social y culturalmente, permaneciendo en sus tradiciones y

---

77 SOLÉ, Robert, *Sadate,* Perrin Editions, Paris, 2013, pp. 291 ss.

78 TERREROS CEBALLOS, Gonzalo, *Conflictos Internacionales II...,* op. cit., p. 173.

79 COOPER, Frederick, *Historia de África...,* op. cit., p. 161.

sus vinculaciones a sus respectivas tribus. Todo ello, abrió un abismo institucional y político, ante el que las antiguas colonias debían definir y estructurar su forma de vida, desafío que, en bastantes casos, conduciría a nuevas guerras, tan desestabilizadoras, o más, que cuando se enfrentaron a la potencia colonizadora, como enemigo común, al que hicieron frente de consuno. De hecho, algunas de estas guerras continúan en la actualidad, con nuevos elementos desestabilizadores, cual es la violencia yihadista en gran parte del África central o planteamientos separatistas de minorías identitarias integradas en los nuevos estados independientes.

Del Congo Belga al Zaire de Mobutu

Tras unos años de relativa tranquilidad después de que antiguo Congo Belga se independizara de Bélgica, la evolución del país fue, y sigue siendo, convulsa. En octubre de 1965, Mobutu se hizo con el poder mediante un golpe de Estado, decidido a afrontar los problemas del país, achacables, en su opinión, a la ineficacia de Kasavubu y del anterior primer ministro Tshombe. Formó un gobierno militar, suprimió los partidos políticos y se arrogó le poder legislativo de las dos cámaras. Condenó (en rebeldía) a Tshombe, secuestrado en Argelia, quien, al igual que Kasavubu, moriría pocos meses después. A partir de ese momento, el Congo pasaría a denominarse Zaire y a convertirse en una dictadura, con un partido único, el Movimiento Popular de la Revolución (MPR). Este régimen autocrático de Mobutu, se alargaría hasta 1997. Se nacionalizaron las minas y las empresas agrícolas («Plan Mobutu»), se promovió la «autenticidad», tratando de erradicar la influencia colonial en el país, a base de volver a sus tradiciones, y, remedando a Mao, publicó su *Libro Verde*, con sus propias citas.

Por razones internas y por la evolución desfavorable del precio de ciertos metales, como el cobre, el plan no tuvo éxito y, súbitamente, el país se encontró con un desproporcionado volumen de deuda, un alto nivel de corrupción y un empobrecimiento de la mayoría de la población. Para 1990, la deuda había alcanzado los 10000 millones de dólares, con una inflación del 60% anual y un déficit presupuestario del 32% de su PIB. El servicio de la deuda externa representaba el 30% de sus exportaciones.[80]

Mobutu pronto se ganó la animadversión de buena parte de sus ciudadanos y de la opinión internacional. Tuvo que desactivar varios intentos de sublevación de Laurent D. Kabila y su movimiento clandestino Partido de la Revolución Popular (PRP), y encajar la cancelación de toda la ayuda y cooperación de la Unión Europea. Mobutu se había convertido en un paria internacional.

La situación interna del Zaire se complicó a raíz de los sucesos de dos países limítrofes, Ruanda y Burundi –separados del Congo en 1959– y los cruentos enfrentamientos entre tutsis y hutus, en parte ubicados en la región congoleña de Kivu, enfrentados por su diferente rango social, pasando, tras la independencia de Ruanda y Burundi, de la intolerancia y discriminación a un odio destructivo abocado a la aniquilación mutua y al genocidio. Los años que siguieron fueron tremendamente convulsos, colmados de matanzas, desplazamientos, guerras civiles con una desestabilización generalizada cuyo epicentro era el Zaire.[81]

El hombre fuerte de Ruanda, Kagame, temía el expansionismo de Mobutu. Para evitarlo, y terminar con él, creó

---

80 REYNTJENS, Filip, *The great African War. Congo and regional geopolitics,* Cambridge University Press, Nueva York, 2010, p. 459.

81 REYNTJENS, F., *The great Africa war,* op. cit., p. 43; CHRÉTIEN, Jean-Pierre, *L'Afrique des Grands Lacs. Deux mille ans d'histoire,* Flamarion, París, 2000, pp. 298 ss.

una coalición militar, la Alianza de las Fuerzas Democráticas para la Liberación del Congo (AFDL), a cuyo mando puso al viejo guerrillero, Laurent Desiré Kabila, lo que implicaba exportar al Zaire la guerra civil de Ruanda.[82]

La destitución de Mobutu por Kabila no consiguió arreglar los problemas del país, más bien los agravó, de tal forma que, tan sólo dos años después de su toma del poder, las fuerzas que le situaron en la cúspide se enfrentaron, apoyadas por Angola, Zimbabue y Namibia, Chad y Libia, en lo que dio en llamarse la «Primera Guerra Mundial de África». La realidad era que, en la región de Los Grades Lagos, se estaban librando simultáneamente diez guerras, con intervención de fuerzas de los países limítrofes, facciones con o sin apoyo de sus países, disidentes, que hicieron imposible llegar a acuerdos de paz, pese a la intervención de organismos internacionales (OUA, ONU, MONUC).

En enero de 2001, L. D. Kabila moría asesinado por uno de sus colaboradores y el Parlamento nombraba a su hijo Joseph Kabila. Meses después, todas las partes intervinientes en el conflicto intercongoleño establecieron en Lusaka las bases de un diálogo que, con el empuje de la ONU (Kofi Annan), culminaría con el Acuerdo Global Inclusivo (AGI). En febrero de 2006, se aprobó la Constitución, Kabila, vencedor en las urnas frente a su rival Bemba, juró su cargo como presidente, si bien las disputas continuaron sin que se consiguiera una cierta estabilidad hasta 2010, para lo que fue necesario la intervención de fuerzas militares europeas (EUROFOR) y de la ONU.

---

82 TERREROS CEBALLOS, Gonzalo, *Conflictos Internacionales...*, op. cit., p. 265.

Ruanda y Burundi

Estos dos pequeños países de la región de los lagos centro-africanos, antiguas colonias, primero de Alemania y, tras la IGM, de Bélgica, han sido protagonistas de cruentas luchas étnicas entre sus dos grupos poblacionales, hutus y tutsis, llegando al genocidio, además de haber involucrado a su país vecino, la RDC, debido a los desplazamientos a ese país de segmentos significativos de su población, y de la consiguiente lucha entre ambos grupos étnicos. Paradójicamente, ambos grupos étnicos hablan el mismo idioma y son cristianos, lo que no ha impedido un odio mutuo sin límites.[83]

Como tendremos ocasión de ver, el actual conflicto de las fuerzas armadas de la RDC contra el grupo insurgente M23, tiene su origen en esa ancestral rivalidad hutu-tutsi.

Todo tiene su origen en la discriminación racial de los hutus, dedicados al cultivo de la tierra, y los tutsis, a la ganadería, en una relación social de dependencia –prácticamente, de vasallaje– de los hutus, respecto a los tutsis.

Todo comienza en 1959, con la separación de Ruanda y Burundi del Congo, el agravamiento de la animosidad entre ambas comunidades alcanzó su culmen con el expolio por los hutus de propiedades de los tutsis y la matanza de centenares de propietarios, forzando el desplazamiento de más de más de 500 000 personas a países limítrofes, como Zaire o Uganda, quedando los tutsis no expatriados considerados «ruandeses tolerados». Los tutsis exiliados crearon el partido Frente Patriótico Ruandés (FPR), pieza clave en las posteriores guerras en Ruanda.

La tensión no cesó, pese a los intentos franceses de pacificación y recuperación de su maltrecha economía, llegando al límite en 1994, con el asesinato de los presidentes de ambos países, Ruanda y Burundi, ambos hutus, al derribar el FPR

---

83 COOPER, Frederick, *Historia de África desde 1940...*, op. cit., p. 32.

el avión en que viajaban. Lo hutus se hicieron con el poder, mataron a la primera ministra de Ruanda y dio comienzo el genocidio con la matanza indiscriminadas de tutsis, con un balance de más de un millón de tutsis asesinados (70 % de su población) y más de un cuarto de millón de mujeres violadas. También cayeron hutus moderados.

Su actual presidente, Paul Kagame, ejerce una dictadura no exenta de consecuencias para la región, en particular para el Congo, cuyo movimiento rebelde G23 cuenta con el apoyo de Kagame, a la vez que Kigali ambiciona territorios del este congolés (Kivu), en sus ansias imperiales expansivas, territorios que, en su día, ocupó, para retirarse posteriormente, en el año 2000.

Si bien es cierto que las cifras macro del país han tenido una evolución destacada —su crecimiento promedio desde 1994 asciende al 6,7 % anual, habiendo cuadruplicado el PIB per cápita, pasando de los 250 $ anuales a 1000 $, también es cierto que su deuda ha pasado del 19 % del PIB, en 2012, al 78 % actual—,[84] lo que ha propiciado la actitud generosa de países prestamistas y suministradores de armas, su dictadura plantea problemas de estabilidad en la región, habiendo desdeñado las advertencias de la ONU por su apoyo al G23, y continuando con la exportación de oro y minerales congoleños, obtenidos de forma irregular. Además de este contrabando, Ruanda ha fomentado el turismo atraído por sus recursos naturales, en particular, sus colonias de gorilas.

En lo referente a la estructura social, Ruanda es uno de los países con mayor desigualdad social entre la población rural, mayoritariamente hutus, y la rica sociedad urbana tutsi.

---

84 *The Economist*, 7 de junio de 2025.

Sudáfrica

Además de la tristemente célebre, ya mencionada, experiencia del *apartheid*, en el que Sudáfrica vivió entre 1948 y 1991, las guerras vinculadas a su independencia no se produjeron entre etnias locales o entre países vecinos, sino entre las dos potencias europeas colonizadoras de la región: Inglaterra y los bóers o afrikáners, colonos de origen holandés.

La llegada de colonos británicos a El Cabo, en 1835 y años sucesivos, obligó a los colonos holandeses a abandonar la zona para instalarse en Orange y Transvaal, propiciando una tensión entre ambos colectivos, en particular, una vez que los bóers declararon Transvaal independiente, pasando a denominarse República Sudafricana, a la que añadieron el Estado Libre de Orange, situación que fue aceptada por Gran Bretaña, en 1852.

Pese a ello, veinticinco años después, tras el éxito de los británicos en su guerra anglo-zulú, Gran Bretaña se anexionó Transvaal, que, en 1880, declaró su independencia, coincidiendo con el descubrimiento en su territorio de la mayor reserva de oro del mundo. La importancia de este descubrimiento atrajo a la región un creciente flujo de buscadores del preciado metal, a la vez que, después de la mencionada anexión inglesa de Transvaal, las tensiones con Inglaterra fueron subiendo de intensidad, dando origen a la primera guerra de los bóers o guerra de Transvaal.

Los bóers atacaron y asediaron las guarniciones británicas, utilizando la táctica de guerra de guerrillas, propiciando un resultado exitoso (batalla de Majuba Hill), y forzando a aceptar un tratado de paz, un año después del inicio de los enfrentamientos, en el que se concedió el autogobierno a Transvaal. La primera guerra bóer resultó un fiasco de la política colonial inglesa.

La intervención militar inglesa en El Cabo, en 1899, y su ofensiva con casi medio millón de efectivos fueron muy cruentas, con resultados inciertos (liberación de Ladysmith), que, finalmente, tras la batalla de Colenso, la balanza se inclinó a favor de Inglaterra, llegándose al Tratado de Vereenigin, tras el que, ya en 1909, se formó la Unión Sudafricana, bajo dominación inglesa, desapareciendo Natal, Orange y Transvaal, integrados en la nueva organización federal.

El Sahel-Mali

El conjunto de Estados del Sahel se ha convertido en la actualidad en uno de los focos de inestabilidad más significativos y complejos del continente africano, en el que Mali lidera esos calificativos, siendo, *de facto*, un país dividido en la actualidad.

Este vasto país —su superficie equivale a la suma de las de España, Francia y Portugal reunidas—, sede del antiguo reino de Macina, está situado en una geografía próxima al SO del desierto de Sahara, lo que ha propiciado históricamente su vocación comercial caravanera por sus cálidas arenas. Mali está rodeado por Argelia, Mauritania, al Norte, Níger al Este, Senegal, Guinea y Costa de Marfil, al Sur y Burkina Faso, al Oeste.

Formó parte del África Occidental Francés (AOF) con la denominación de Sudán Francés hasta su independencia, en 1960, cuando pasó a denominarse Mali, como Estado independiente.

Su dimensión territorial y su situación como enclave, hace que en su territorio conviven, no siempre pacíficamente, etnias muy diversas, lo que dificulta la gobernabilidad del país. A ello hay que añadir la influencia septentrional de movimientos yihadistas de origen argelino, marcadas tendencias separatistas, en particular en el norte, y la penetración en ese territorio de actividades criminales como el mercado de narcóticos o el rentable secuestro de personas, con frecuencia, extranjeras. Allí conviven los moros, árabes o arabizados, en gran medida procedentes del Níger, en cuyo seno se integran los andalusíes, descendientes de moriscos españoles expulsados tras la Reconquista, los bellas, descendientes de los esclavos negros, y, sobre todo, los tuaregs, musulmanes, poco ortodoxos, divididos en numerosas tribus o clanes, a los que se unen tribus o clanes menos significativos, como los fulani y los peul.[85]

Los frecuentes conflictos entre estos grupos étnicos han sido motivados por causas como la ocupación de territorios, la confrontación entre agricultores y ganaderos, la influencia religiosa y del yihadismo musulmán, el independentismo o, sobre todo, después de su independencia de Francia, un distanciamiento entre el norte y sur de marcado cariz separatista. Posteriormente, el aprovechamiento de la economía criminal del tráfico de drogas o los secuestros, predominante en la zona, ha pasado a ser un elemento clave en las luchas tribales que asolan al país.

Históricamente, la región norteña de Azawad ha planteado su propia identidad y su rechazo a su sumisión a la dirección de Bamako o Tombuctú. De hecho, la administración colonial francesa tuvo que esperar a 1920 para controlar «el país de los tuaregs». Hoy, es la comunidad que planta cara a Bamako en una guerra interminable.

La primera insurrección tuareg se produjo en 1916, orientada a un enfrentamiento con la potencia colonial francesa, cuya sofocación tardó más de un año en conseguirse, a base de dividir los grupos internos tuareg y provocar su debilitamiento. Al final Francia llegó a un pacto implícito de conseguir paz a cambio de protección.

---

85 MESA, Beatriz, *Los grupos armados…*, op. cit., pp. 64 ss.

En 1963, se produjo una segunda insurrección de los Ensogas del norte con un planteamiento puramente separatista de Mali, reclamando el territorio (Azawad), «que les pertenece» y rechazando su soberanía sobre ellos. La violenta represión y la severa sequía entre los años 1979 y 1985, así como los planes de ajuste del FMI y del BM terminaron con el levantamiento. Había nacido el Movimiento Popular de Liberación de Azawad (MPLA).

Posteriormente, en 1990, surge una nueva insurrección liderada por el MNLA, en contra de la centralización de Bamako y por la falta de ayudas por la larga sequía. A iniciativa de Argelia, se consiguió firmar un acuerdo (Tamanrasset), en 1996, pese a lo cual y a algunos beneficios otorgados a los Tuareg, el conflicto continuó hasta 1996.

En enero de 2012, el MNLA ocupó la mayor parte de las poblaciones de Azawad, proclamando poco después la independencia de La República de Azawad, sin apenas resistencia de las Fuerzas Armadas malienses. El MNLA se unió con los grupos árabes Movimiento para la Unidad y la Yihad en África Occidental (MUYAO) y Al Qaeda en el Magreb Islámico (AQMI), fusión que no estuvo exenta de tensiones entre sus líderes, lo que indujo a Gali a la creación de un nuevo movimiento yihadista, Ansar Dine, para imponer la *sharía,* en todo el territorio, y que terminaría expulsando del grupo al MNLA.

El yihadismo invadió literalmente la región, prodigándose los ataques y atentados, proceso que inquietó a la UE y a la ONU, de forma que, en febrero de 2013, se decidió la intervención militar, liderada por Francia, bajo amparo de la ONU, operación denominada Serval, posteriormente, transformada en operación Barkhane.[86]

---

86 MUÑOZ LORENTE, Gerardo, *El Sahel. El nuevo escenario de la geopolítica mundial,* Almuzara, 2024, p. 213.

El expansionismo yihadista en la región se fortaleció por la agrupación, en febrero de 2017, de diversos movimientos afines a Al Qaeda –incluido Boko Haram–, en un solo frente de lucha denominado Grupo de Apoyo del Islam y los Musulmanes (JNIM). Los éxitos iniciales de la operación Serval quedaron pronto sobrepasados por el activismo y la extensión a otros países de la región del mencionado grupo salafista.

Como primera reacción contra la violencia yihadista, cinco jefes de estado (Mali, Chad, Níger, Burkina Faso y Senegal), junto con Francia, se unieron para hacerle frente, en lo que denominó el G5S, lo que se tradujo en una intensificación de las actividades del JNIM, no sólo contra las fuerzas de esos países, sino contra la población civil, con un elevado número de muertos. Algunas operaciones, como la del hotel Radisson, en Bamako, o los secuestros, fueron noticias en el mundo occidental.

En este período, a la presencia de nuevos actores, como las fuerzas paramilitares del grupo ruso Wagner, se unió una sucesión de golpes de Estado,[87] añadiendo más inestabilidad y menor eficacia de los apoyos de Francia y del MINUSMA de Naciones Unidas.

Hoy el Sahel y los estados que lo componen viven en la inestabilidad y la incertidumbre, en un triángulo de conflictos entre los movimientos yihadistas, las luchas intestinas por el poder, por el control del tráfico de estupefacientes hacia Europa y por el dominio del territorio, y la intervención de paramilitares rusos, apoyando a los gobiernos contra sus competidores internos y contra la violencia yihadista,

---

87 Mali registró varios golpes de estado (agosto de 2020 –incruento–, mayo de 2021, septiembre de 2021, enero de 2022 y septiembre de 2022); Mauritania contabiliza una sucesión de diez golpes militares, desde su independencia en 1960; otros países como Chad, Burkina Faso, Sudán, Guinea, Gambia, Níger o Gabón no se han librado del flagelo de los golpes militares.

a cambio de explotación de sus recursos naturales.[88] Como señala Mesa,[89] refiriéndose a los golpes militares y a los líderes del Sahel, «han interrumpido la influencia colonial histórica de Francia y Estados Unidos en varios países del África Occidental y han comenzado un nuevo capítulo que está siendo escrito a través de una contraofensiva rusa sin precedentes».

En una manifestación de pretendida autonomía financiera y apoyo al desarrollo de la región, los líderes militares de Mali, Níger y Burkina Faso, integrados en la Alianza de Estados del Sahel (AES), comunicaron su acuerdo para la creación del Banco Confederal para la Financiación y el Desarrollo (BCID), cuyo objetivo fundamental es alcanzar la autonomía financiera para costear proyectos de desarrollo, además de promover la integración regional, evitando o reduciendo la dependencia de entidades financieras internacionales. El banco estaría capitalizado, en francos CFA, por el equivalente a unos 750 millones de euros, nutriéndose de los fondos aportados por cada uno de los estados accionistas equivalente al 5% de los impuestos percibidos en cada estado.

La valoración del proyecto por los analistas plantea dudas sobre su viabilidad, entre otras razones, por la inestabilidad de la zona, la falta de gobernanza y de gestión, la escasez de su capitalización y la ineficiente política fiscal de los estados, fuente del *funding* de sus proyectos.[90]

---

88 MUÑOZ LORENTE, Gerardo, El Sahel. *El nuevo escenario…*, op. cit., p. 303, atribuye al antiguo líder de Wagner, Prigozhin, –fallecido en «accidente» de aviación, en agosto de 2023, tras su rebelión contra Putin– haber acumulado hasta el 10% del PIB de algunos de los países en que operaba.
Otras fuentes oficiosas calculan en 2000 millones de dólares el valor del oro que Wagner envió a Rusia, procedente de la explotación de una mina en Ghana.

89 MESA, Beatriz, *El fracaso de Occidente…,* op. cit., p. 19.

90 *El País*, 23 de agosto de 2025.

Sudán

Sudán es, sin duda, uno de los países africanos que mayor conflictividad ha registrado, y registra, tras su independencia. De hecho, en la actualidad, tras la guerra civil (2013-2020), Sudán quedó dividido en dos países independientes, Sudán y Sudán del Sur, con capitales en Jartum y Yuba, respectivamente.

Las diferencias sociales y religiosas entre el norte y el sur (musulmanes al norte vs. cristianos y animistas al sur), llevaron al presidente Numeiri, en 1983, a crear un estado federal, posteriormente disuelto y transformado, tras la segunda guerra civil, en un conjunto de regiones autónomas, entre ellas, Sudán del Sur.

A ello hay que añadir las otras guerras civiles, en particular, la guerra de Darfur, región situada al sudoeste del país, y el actual conflicto entre las Fuerzas Armadas de Sudán (FAS) y rebeldes de las Fuerzas de Apoyo Rápido (RSF), en este caso, por el control político en Jartum.

El conflicto de Darfur no se basa en creencias religiosas – musulmanes o no musulmanes–, como ocurrió en la segunda guerra civil del norte musulmán contra el sur cristiano y animista, sino en diferencias étnicas entre la comunidad de origen árabe, dedicados mayoritariamente a la ganadería, y la comunidad agrícola, integrada en su mayoría por población negra.

En 2003, el grupo rebelde, Frente de Liberación de Darfur (FLD), el Movimiento por la Justicia y la Igualdad (JEM) y el Movimiento de Liberación de Sudán (MLS) acusaron al gobierno de Jartum de maltrato y opresión de la población negra. La guerra se inició el 25 de abril de 2003 con un ataque al aeropuerto de El Fashir, en Darfur norte, destruyendo aviones y helicópteros y matando a 75 soldados.

Desde su inicio, la guerra se desarrolló con un dominio claro de los rebeldes sobre las Fuerzas Armadas de Sudán (FAS), practicando una guerra de guerrillas, con notable movilidad, a base de ataques con todoterrenos armados, forzando a las FAS a un cambio de estrategia con intensificación de la fuerza aérea y la creación del grupo paramilitar, los *Yanyuid*, practicando una guerra de destrucción indiscriminada contra la población civil, en una campaña de eliminación étnica, cuya crueldad estremeció al mundo. Es de destacar que la violación, amén de las mutilaciones, los asesinatos y el incendio de poblados, se emplearon como arma de guerra, con la consiguiente crisis humanitaria y el impedimento de entrada de ayuda de las agencias de la ONU.[91]

El conflicto afectó a los países vecinos, Chad y Eritrea, debido a la salida masiva de la población sudanesa, llegando a declararse la guerra a Chad, antiguo protectorado francés, independiente desde 1960.

La insurrección musulmana del Frente de Liberación del Chad. Apoyado por Libia, proporcionó la presidencia del país a Oueddei, posteriormente, derrocado y expulsado del país por Hissen Habré, a su vez, derrocado por el desertor Idriss Deby, en 1990, desde su base de operaciones en Darfur, donde creó el Movimiento Patriótico de Salud, (musulmán), apoyado por el Frente Nacional Islámico, y donde se entrenan los movimientos de insurgencia del Chad, permitiendo operar, igualmente, a los grupos rebeldes sudaneses, como el Movimiento por la Justicia e Igualdad (JEM) o el MLS.

A su vez, el grupo rebelde chadiano Reunificación por la Democracia y Libertad (RDL), actuaba en Chad desde su

91 DÍAZ ALCALDE, J. y VACAS FERNÁNDEZ, F. *Los conflictos de Sudán,* Ministerio de Defensa, Instituto de Estudios Europeos «Francisco de Vitoria», 2008, p. 109.

refugio de Darfur, lo que llevó a la declaración de guerra entre Chad y Sudán, en 2005.

Tras varios intentos de pacificación frustrados, el Consejo de Seguridad de la ONU aprobó, en 2007, el despliegue de fuerzas de pacificación junto a la Unión Africana (UNAMID). El 13 de marzo de 2008, Chad y Sudán firmaron en Dakar (Senegal) el acuerdo de no agresión en su frontera común, debidamente controlada por las fuerzas internacionales mencionadas.

En esta confusión de guerras en la que se convirtió Darfur, la guerra interna de Sudán continuó. Otros acuerdos de paz posteriores fueron igualmente violados, sin que las fuerzas de intervención mencionadas evitaran el fiasco, sin conseguir poner fin a la contienda interna.

En julio de 2011, tras una década de guerras, Sudán del Sur se independizó del norte, haciéndose con buena parte de las importantes reservas de petróleo de Sudán, cuya salida al mar transita por oleoducto, cuyo trazado discurre por Sudán hasta Port Sudan, en el mar Rojo, hecho que ha agravado las tensiones entre ambos países.

Sólo dos años después de su independencia, una nueva guerra civil estalló en Sudán del Sur, entre el presidente Kir y su adjunto Machar, dando lugar a masacres que se saldaron con más de 400 000 muertos y 2,5 millones de desplazados a países limítrofes (Uganda y Sudán), hasta su final, en 2018. Los dos adversarios formaron un gobierno de coalición en 2020, aunque las luchas locales continúan en la actualidad, con riesgo de provocar una nueva guerra civil de mayor alcance con efectos difíciles de prever.[92] Hoy, esta vasta región del Nilo sigue sumida en la guerra, agravada, como se

---

92 *The Economist*, 15 de marzo de 2025, «Another civil war?»; Marc Español, en *El País*, 15 de abril de 2025, «La sombra de la división se cierne sobre Sudán».

ha mencionado, por la explotación de sus importantes reservas de petróleo, convirtiéndose, junto con la RDC y el Sahel en los puntos de mayor inestabilidad en el continente africano.

Etiopía

Anteriormente, se ha recogido una breve síntesis de la historia de Etiopía, desde los remotos años de la legendaria tierra de Punt, y el reino de Aksum, en el Cuerno de África, y su tradicional vocación agrícola y comercial –con especial importancia de la exportación de oro, marfil y esclavos– que le abrió sus puertas, a través del Golfo de Adén, al Océano Índico y al mundo oriental asiático. Tras el enfrentamiento del reino cristiano con el musulmán, ya en el siglo XVI, Etiopía se convirtió en un reino musulmán, sin que esto impidiera la llegada de los jesuitas impulsados por el especial interés de su fundador –San Ignacio de Loyola– y la decidida voluntad de Pedro Páez, primer europeo que conoció el origen del Nilo Azul.[93]

Tras largos años de monarquías en las diferentes regiones y la posterior unificación, el rey Menelik II extendió las fronteras del país y llevó a cabo una profunda modernización del mismo. En 1896, mantuvo una exitosa guerra contra Italia en relación con las fronteras de Eritrea. Sería el emperador Haile Selassie quien conseguiría la centralización del país, dotándolo de instituciones de un país moderno: constitución (1931) y parlamento.

La fallida aventura colonial italiana de 1896 (derrota en la batalla de Adua y Tratado de Adís Abeba) no consiguió frenar los ímpetus imperiales de Mussolini, que incluían Etiopía, junto a Somalia italiana y Eritrea. En octubre de 1935 daba comienzo la guerra con la que Italia consiguió

---

93 LOZANO ALONSO, Mario, *Historia de Etiopía,* op. cit. pp. 98 ss.

integrarlas como colonias en el África Oriental Italiana, de corta duración, al ser vencidos los italianos por los aliados en la Segunda Guerra Mundial (1941). Ello permitió al emperador, tras cinco años de exilio, regresar a Adís Abeba. Eritrea pasaba a ser una mera provincia y ponía fin a la situación de estado federal. En 1974, la organización de un comité de las fuerzas armadas, conocido como DERG, depuso al emperador –posteriormente lo asesinó– suspendió la constitución e inició una guerra civil que se alargó hasta 1991. Huelga decir que se implantó una campaña de terror de Estado, con todos los complementos de su panoplia de represión, con un alineamiento con Moscú, empeñado en convertirlo en un país comunista. Somalia y Eritrea terminarían independizándose de Etiopía, aunque no de forma pacífica. Con esta escisión, Etiopía quedó aislada del mar.

Hoy, Etiopía se enfrenta a dos conflictos de naturaleza diferente: la guerra con el territorio de Tigray, al norte del país, y los problemas con los países ribereños del Nilo, por la construcción de la gran presa en la cabecera del Nilo Azul.[94]

La presa del Renacimiento Etíope, como se denomina, es una colosal obra hidráulica, iniciada en 2011, con un presupuesto de 4800 millones de dólares, es decir el 3,9 % del PIB del país. China ha sido el proveedor de la financiación.

Sus 16 turbinas, con una potencia de 6500 megavatios (el triple que la de Asuán), entraron en funcionamiento en 2015. La presa tiene una altura de 245 metros y su volumen de embalse es el triple de la capacidad del lago Tana, el mayor lago de Etiopía, e inunda una superficie de 1874 km^2 (el triple de la isla de Ibiza). Su llenado duró tres años y su volumen equivale al total del agua del Nilo de un año.

---

94 El Nilo Azul confluye con el Nilo Blanco –éste procedente del lago Victoria–, cerca de Jartum, en Sudán, antes de entrar en Egipto.

Hasta la construcción de la presa etíope, Egipto, tras la construcción de la presa de Asuán, tenía la hegemonía sobre las aguas del Nilo, vitales para su agricultura, por lo que ha visto con malos ojos la construcción de tamaña presa aguas arriba, frente a la actitud favorable de Sudán, único país aguas abajo del Nilo Azul. Esto ha creado serias tensiones entre los países interesados, llegando a vaticinar por los analistas la posibilidad de un conflicto armado entre esos países. Por el momento, las aguas discurren tranquilas, aunque la inquietud de Egipto es creciente.

A este megaproyecto energético se une el plan de construcción del mayor aeropuerto de África, con un presupuesto de diez mil millones de dólares, financiados en parte por el Banco Africano de Desarrollo (BAD), junto con la aportación de un 20% de la compañía Ethiopian Airlines y la suscripción de bonos por parte de la población civil.

Todo ello forma parte de una avanzada política de modernización de infraestructuras y vías de comunicación, y la mejora de las ciudades más importantes del país. Con ello, Etiopía está consiguiendo una rebaja sustancial de su tasa de pobreza, que ha pasado del 65,9% de la población, en 1999, al 38,6%, en la actualidad.[95]

En los cinco últimos años, Etiopía vive un período de guerra civil y enfrentamientos con sus vecinos, Eritrea y Somalia, cuyas consecuencias para su población están siendo devastadoras, además de estar poniendo en grave riesgo la estabilidad regional del Cuerno de África.

En noviembre de 2020, en plena pandemia covid-19, el pueblo Tigray, al norte del país, se levantó en armas contra el gobierno del país, alegando discriminaciones y falta de respuesta a sus propias y continuadas reivindicaciones. La elección del presidente Abiy Ahmed, en 2018, agravó esas

---

95 *Le Monde*, 30 de agosto de 2025.

tensiones con Tigray hasta límites considerados por su población como insoportables. Como consecuencia, el Frente de Liberación del Tigray (TPLF) se enfrentó a las Fuerzas Armadas de la República, en una primera embestida exitosa, tras la que el frente se estabilizó por la contraofensiva gubernamental. Había comenzado una guerra sin cuartel, en la que los habituales horrores humanitarios de este tipo de guerras (hambrunas, asesinatos de población civil, violaciones, desplazamientos de la población, etc.) se prodigaron sin clemencia por ambos bandos. A ello se unió el efecto, igualmente devastador, de la pandemia de covid-19.

Todos los intentos de pacificación acordados, incluyendo el de Pretoria de 2022, fueron incumplidos. La guerra ha continuado, con la intervención de otros grupos étnicos (Oromos y Aimharas) y de algunos países limítrofes como Eritrea, Somalia y, en menor medida, Sudán. La guerra, como se ha mencionado, ha reunido con especial crudeza, todas las modalidades de violencia y atrocidad registradas en otros territorios africanos.

Chad

El Chad, en pleno Sahel, ha tenido una trayectoria convulsa, en gran medida, por la confrontación de pueblos musulmanes del norte, en la región lindante con Libia, con poblaciones meridionales, en pleno entorno sahariano, o con vecinos orientales sudaneses. En la actualidad, como en otros países del Sahel, la inestabilidad perdura con características diferentes, tal como se ha tratado con anterioridad.

Francia colonizó Chad en 1891, pasando, posteriormente, en 1910, a formar parte del África Ecuatorial Francesa –junto con República Centroafricana, Gabón y Congo Brazzaville–, hasta su independencia, en 1960. Poco después, Francia retiraba sus destacamentos militares del país, al que volverían, esta vez a petición del gobierno local, sesenta años después, en plena guerra civil.

En 1966, con el apoyo de la población musulmana del norte, se crea el FROLINAT (Frente Nacional de Liberación del Chad), iniciándose una guerra civil que se prolongaría hasta 1979. El presidente Tombalbaye y su partido único PPT (Partido Progresista Chadiano), siguiendo un modelo dictatorial intransigente, y escorado hacia las poblaciones musulmanas, terminó siendo depuesto y asesinado, pese al apoyo de fuerzas francesas enviadas por De Gaulle, a solicitud del presidente. Tras la muerte de Tombalbaye, tomó el relevo como presidente Félix Malloum, con un gobierno de transición para la Unidad Nacional (GUNT), liderado por Oueddei. En 1975, golpe de Estado mediante, Malloum se convierte en presidente, se reconcilia con algunos de los grupos rebeldes, y comienza a registrar desavenencias con su primer ministro Hissène Habré. Tras un intento de golpe de Estado, en 1979, Malloum renunció a la presidencia y se exilió en Nigeria, tomando el poder Oueddei, con Hissène Habré como ministro de defensa hasta el final de la guerra civil, en 1979. Se firmaron los Acuerdos de Lagos, poniendo fin a la guerra civil iniciada catorce años antes.

Libia, bajo el mandato de Gadafi, invadió el Chad en julio 1980, ocupando territorios de la franja norte del país, movimiento que provocó la ayuda de Francia y USA, temerosos de la expansión libia hacia el sur. Las tropas libias se retiraron en noviembre de 1981.

Los desacuerdos entre Hissène Habré, ministro de defensa, y su presidente, Oueddei, dio lugar a la segunda guerra civil. En 1982. Habré se hace con Yamena y consigue sustituir a Oueddei en la presidencia, iniciando una dictadura, con su partido único, Unión Nacional para la Independencia y la Revolución (UNIR), cuyos abusos y brutalidades provocaron la rebelión de Idriss Déby, el exilio de Hissène Habré en Senegal, y su posterior condena a prisión vitalicia por un tribunal internacional, a causa de sus atrocidades y abusos. Moriría en prisión, en 2021, a causa del covid-19.

5.4 Modelos de configuración de los Estados

Como ha podido comprobarse, la transición postcolonial de gran parte de los países africanos no está siendo sencilla, plagada de guerras intestinas, golpes de Estado y enfrentamientos interestatales, en un ambiente de subdesarrollo, alto crecimiento de la población, elevado nivel de emigración y notable influencia de países extranjeros y del movimiento yihadista internacional más violento. La inestabilidad está instalada en buena parte del continente, a la vez que crece su apetencia para las grandes potencias mundiales.

Tras su independencia, los Estados africanos nacieron con estructuras de tipo europeo, influidas por el modelo de sus antiguas metrópolis, mezcladas con otras componentes, más afines a sus ciudadanos, basadas en sus tradiciones y organizaciones precoloniales, proclives al neopatrimonialismo de sus dirigentes que consideran el Estado como un bien personal, viven «de la política» más que «para la política», con una marcada tendencia al clientelismo, en favor del líder y en detrimento del resto de la población.[96]

Las estructuras del poder del Estado en África, sea cual sea su modelo, adolecen de defectos, con tintes manifiestamente autoritarios de partido único, tensiones interétnicas, problemas de delimitación de fronteras, choque de las culturas tradicionales frente a principios democráticos, o palpable desigualdad económica en el reparto de la riqueza, entre

---

96 LE GROURIELLEC, Sonia, *Geopolitique...*, op. cit., p. 33.

otros. Todo ello, ha dificultado el desarrollo y el progreso, pese al comportamiento de escasas excepciones.

Si se hace un somero recorrido por los principales países africanos, salvo los que han adoptado un régimen monárquico como Marruecos, Lesoto o Eswatin, más o menos autoritarios, predomina el modelo presidencialista –con presidentes como primer ejecutivo del gobierno– o semipresidencialista –con primer ministro–, alternando los que funcionan con partido único o admiten la pluralidad de partidos políticos, si bien estos últimos no sean una garantía de democracia y de Estado de derecho en su funcionamiento real. Una prueba de esta disfunción queda de manifiesto en el hecho de que, entre los diez mandatarios de mayor duración en el poder en el mundo, siete son africanos, de los cuales, cuatro superan los treinta años de gobierno ininterrumpido.[97]

La presencia de los países colonizadores, en particular, la presencia militar, ha desaparecido –el último soldado francés abandonó Chad en noviembre de 2024, después haber sido expulsados de Senegal, Níger, Burkina Faso y Malí–, habiendo sido sustituidos, sobre todo en el Sahel, por los paramilitares rusos del grupo Wagner, o por fuerzas internacionales de intervención temporal en zonas de conflicto armado, auspiciadas por la UA o la ONU.

A los efectos de mostrar varios ejemplos de adaptación de algunos países a su devenir postcolonial, además del caso ya mencionado de Sudáfrica, hemos elegido los de la costa mediterránea por su proximidad al sur de Europa, por la presencia del Islam y por haber estado sometidos a la colonización de Francia, Italia, Gran Bretaña o España, destino

---

97 «The new age of the Big Man», *The Economist,* 11-17 octubre. La lista la encabeza: T. Obiang en Guinea Ecuatorial (40,6 años), seguido por P. Biya en Camerún (43 años), Y. Museveni en Uganda (30,7 años), I. Afwerki en Eritrea (32,4 años), D. Sassou Nguesso en Congo Brazzaville (28 años), I. O. Guelleh en Djibouti (26,4 años) y P. Kagame en Ruanda (26,6 años).

actual de sus migraciones. A ellos, hemos añadido algunos países subsaharianos, destacados por su devenir más pacífico y mejor organizado, habiendo excluido los que mantienen guerras en su territorio –algunos analizados anteriormente– o son y/o han sido hasta muy recientemente, dictaduras sin paliativos.

Túnez, tras obtener su independencia de Francia en 1957, y haber pasado por una situación de protectorado, en el que los poderes del antiguo rey fueron detentados por el Residente General francés, su primer presidente, Burguiba, estableció un régimen republicano con importantes reformas (abolió la poligamia y reconoció ciertas libertades cívicas para las mujeres, además de un amplio programa de escolarización y enseñanza para los jóvenes), si bien, la vida política estuvo protagonizada por el partido único Destour (Partido Socialista Destouriano) y la presidencia vitalicia de su fundador. Pese a ello, en noviembre de 1987, Burguiba fue depuesto por su primer ministro Zine al Abidin Ben Alí, con apoyo del ejército y de su partido Agrupación Constitucional Democrático (RCD), dando comienzo a una etapa en la que el nuevo presidente, junto a su esposa Leila Trabelsi y de su clan, desarrollaron una actividad de codicia personal sin límites, llegando a acaparar y controlar riquezas que, en 2010, se calculaban entre un 40 % y un 60 % del PIB del país. Obviamente, esta lucrativa actividad se desarrolló en un régimen dictatorial, con el consiguiente desprecio a de las libertades y derechos humanos, nepotismo, censura de los medios de comunicación y culto a la personalidad.[98]

---

98 NAÏR, Sami, *La lección tunecina*, Galaxia Gutemberg, 2011, pp. 55 ss.

El incidente de Sidi Bouzid, en 2010, espoleta de las Primaveras Árabes,[99] desencadenó una serie de manifestaciones y protestas contra la actuación policial, en un *crescendo* que terminó, cuatro semanas después, con el abandono del país de Ben Alí y su familia, refugiados en Arabia Saudí, pese a lo cual, y debido a un incidente similar al citado, la protesta se extendió, primero, al resto del país, y luego, a otros países musulmanes.

El período posterior transcurrió con una alianza entre los partidos más importantes (Ennahda, CPR y ETTAKOL), hasta 2014, año en que se aprueba la constitución en la que Túnez se define como un estado laico, con libertad de culto, con separación de poderes, con esquema de república semipresidencialista, en la que el presidente es elegido cada cinco años.

El activismo yihadista se manifestó con atentados como el del museo del Bardo o el asesinato del opositor Bel Aid, así como ataques a centros oficiales como una comisaría de policía, con 53 personas muertas, y otros enclaves turísticos (ciudad balnearia de Souse), con efectos letales para el turismo y las cuentas del Estado.

El nuevo presidente Saied, tras las protestas del covid-19, en 2021, modificó la constitución con un giro marcadamente autoritario de gobierno, a base de decretos, con un parlamento clausurado. En la «Nueva República» de Saied, virtualmente convertida en dictadura, las fuerzas armadas son la garantía de su continuidad.

Túnez fue la esperanza democrática de la región del norte de África y oriente Medio, con una constitución progresista, elecciones democráticas y otras componentes de modernidad política que le valió el premio Nóbel de la Paz. Todo se

---

99 El 17 de diciembre, el joven vendedor ambulante Bouzid murió a causa de la actuación de la policía.

vino abajo con el autogolpe de Saied del 25 de julio de 2021, inicio de una senda populista y autoritaria, con vuelta a la corrupción de algunos de sus predecesores.

Libia es un gran país (1,76 millones de km^2), buena parte desértica, –con la población de siete millones de habitantes situada en la costa, en ciudades como Trípoli, Bengasi, Sirte o Misurata–, cuya trayectoria hasta su colonización por Italia, en 1885, transcurrió desde la dominación otomana, la sucesión de monarquías, con abundancia de golpes de Estado y la instauración de regímenes autocráticos, corruptos y clientelares.

En 1951, el coronel Muammar el Gadafi, mediante un golpe militar, destituyó al rey Idris as-Samussi, iniciando una dictadura que duraría cuarenta años, hasta su muerte en 2011.

La inicial política de corte socialista se fue radicalizando con la nacionalización de la banca y del 51% del capital de las compañías petrolíferas operantes en la zona, la prohibición de la propiedad privada mediante un sistema general de colectivización, la prohibición de los partidos políticos o la retirada de las bases británicas y norteamericanas. Obviamente, el régimen practicó la represión policial intensiva y puso en marcha un proceso de cleptomanía y desfalco de los bienes del Estado, en favor de su entorno personal y político.

Sus ideas políticas quedaron registradas en su *Libro Verde* (el de Mao era rojo), base de un modelo de Estado que definió como socialismo islámico o «Yamahiriyya». Su ideología le llevó a participar activamente en guerras periféricas, convirtiéndose en uno de los elementos más perturbadores de la región.

Las revueltas iniciadas en Bengasi en 2011 por la detención y encarcelamiento de quien investigó las matanzas de la cárcel de Bu Selim, en 1996, se reprimieron con extrema dureza, evolucionando a confrontación armada tras la ejecución de 130 oficiales del ejército acusados de simpatizar con los manifestantes.

El ensañamiento sobre la población civil llevó al Consejo de Seguridad de Naciones Unidas a la condena del régimen libio, autorizando al Tribunal Penal Internacional a actuar por violación de Derechos Humanos. Poco después, Naciones Unidas aprobaba la Resolución 1973, autorizando a tomar «todas las medidas necesarias» para proteger a la población civil. Intervino la OTAN con ataques aéreos que terminarían por facilitar la acción de las fuerzas rebeldes y terminar con la vida de Gadafi y su hijo Mutasim, localizados en Sirte.

A raíz de la muerte de Gadafi, el país entró en un conflicto entre las diversas facciones y grupos armados, en una auténtica guerra civil, aprovechada por el Estado Islámico, desplazado de Irak y Siria, para hacerse con plazas como Sirte y Derna, de forma que el país quedó dividido en dos bloques irreconciliables con sede en Trípoli y Bengasi, respectivamente.

Ni la segunda guerra civil (2014-2020), ni los múltiples intentos de mediación por parte de líderes extranjeros o la Misión de Apoyo de Naciones Unidas en Libia (UNSMIL) han solucionado la división del país y la confrontación entre el Gobierno de Unidad Nacional, en Trípoli –reconocido internacionalmente– y el Gobierno de Estabilidad Nacional, en Sirte. El *statu quo* provoca en la población desconfianza y temor a una nueva guerra civil, a la vez que la inestabilidad deriva en consecuencias económicas, pese a las rentas del petróleo.

Argelia, tras la referida guerra de independencia de Francia, culminada con los acuerdos de Evian de 1962, y de la salida masiva de colonos franceses, inició su marcha postcolonial de la mano de su presidente Ben Bella, destacado dirigente del FLN, cuya iniciativa más destacada fue la constitución de 1963. La presencia del ejército en todos los ámbitos del Estado condujo, en 1965, a su destitución por el militar Boumedienne, y a su expatriación a Suiza.

Durante las presidencias de los militares, Boumedienne y Chadli Benjedid, se fueron organizando grupos islamistas cuya ideología fue penetrando en la sociedad, en principio, de una forma pacífica, para ir consolidándose como movimiento político del que nació el Frente Islámico de Salvación (FIS), protagonista de la vida política hasta el inicio de la guerra civil, en 1991, en detrimento del dominio militar de la política precedente. Las elecciones de 1991 evidenciaron el ascenso del FIS, llamado a gobernar con un programa islamista. La reacción del gobierno y del ejército fue anular las elecciones e ilegalizar el FIS, dando lugar al comienzo de una guerra civil muy cruenta, entre el poder central y diversos grupos armados islamistas, en la que no faltaron ninguna de las atrocidades de este tipo de luchas, y que se alargó hasta la presidencia de Buteflika (FLN), en 1999, en lo que ha sido denominada «Década Negra».

Buteflika practicó una política de pacificación, con medidas como poner fin al estado de sitio, en vigor desde 1992, o disposiciones sociales encaminadas a la mejora de las condiciones de vida del pueblo, todo ello con el predominio del FLN, frente a una oposición agrupada en el bloque Argelia Verde. Un claro efecto de sus políticas fue la estructuración de un régimen razonablemente democrático, el reparto más equitativo de las rentas de sus hidrocarburos, en beneficio de los más desfavorecidos, y la minimización de los efectos, devastadores en otros países de la región, de la Primavera Árabe.

Preciso es señalar que el enfrentamiento con Marruecos por el reparto de la antigua colonia española del Sahara Occidental ha estado presente hasta la actualidad. Argelia apoya al Frente Polisario frente a las reivindicaciones de Rabat en favor de la reconstrucción del «Grand Maroc», que abarca, además de Sahara Occidental, Mauritania, parte de Mali y parte de la zona desértica de Argelia. De hecho, un sector de la población saharahui malvive refugiada en Tinduf, en la zona argelina próxima a la frontera marroquí.

Marruecos, tras el final del protectorado franco-español, en 1956, y el regreso del exilio de Mohamed V, el país adoptó el régimen de monarquía constitucional. De hecho, nunca se había interrumpido el sistema de sultanato, siendo uno de los tres únicos países africanos que, en la fase postcolonial, han adoptado el régimen monárquico como forma de organización política. A su muerte, en 1961, el trono fue heredado por su hijo, el rey Hassan II, quien, mediante su reforma constitucional, concentró en su persona plenos poderes, llegando, en 1970, a decretar el estado de excepción para reprimir con suma dureza las protestas de su población («años de plomo»), convirtiéndose de facto en un régimen absolutista, en alguna medida, parcialmente atenuado hoy por el giro reformador de su heredero, actualmente en el poder, Mohamed VI.

En 1963, como se ha mencionado, Marruecos y Argelia se enfrentaron por cuestiones de delimitación de sus fronteras, en la zona de Tinduf, en lo que dio en denominarse la Guerra de las Arenas. El contencioso, pese a la intervención de la OUA, terminó, pero no se resolvió plenamente, y sigue siendo causa de las tensiones actuales entre los dos países.

Hassan II no gozaba de la aceptación de buena parte de su pueblo ni de su ejército. En 1971 y 1972, fue víctima (incruenta) de dos intentos de golpe de Estado contra su persona. El primero en su residencia de verano de Sjirat, en plena celebración de su 42 aniversario, en la que el rey salió ileso, pero murieron más de cien personas y otras doscientas resultaron heridas. En represalia, el presunto organizador del complot, general Ufqir, y su familia fueron encerrados en una prisión de alta seguridad. Un año más tarde, el avión en que el rey regresaba del extranjero fue atacado por aparatos de la fuerza aérea marroquí, sin conseguir derribarlo. La depuración en el ejército y la represión no se hicieron esperar, dando lugar al mencionado período de «años de plomo».

El conflicto del Sahara Occidental e Ifni, colonias españolas, tuvo especial relevancia en el reinado de Hassan II, ferviente defensor de sus derechos sobre la región.

Por su impacto en la política española del siglo xx, una vez superado el trauma de la guerra del Rif y su dramático final en Annual,[100] parece conveniente relatar, aunque sea esquemáticamente, el desarrollo del conflicto del ex Sáhara español y su situación actual, lejos de que pueda considerarse resuelto, aunque en unas nuevas coordenadas que, directamente, no afectan a España, salvo en las cuestiones concernientes a las aguas territoriales de Canarias y a la explotación de sus fondos marinos.

El contencioso entre España y Marruecos a causa de la actitud anexionista de la colonia española por parte de Marruecos, se apaciguó un tanto tras la visita de Hassan II a Franco, celebrada en el aeropuerto de Barajas, el 6 de julio de 1963. Poco duró lo que dio en llamarse «espíritu de Barajas» (se especuló en que Franco ofreció ceder Ifni a cambio de respetar la situación de Ceuta y Melilla), por la obsesión

---

100 TERREROS CEBALLOS, Gonzalo, *Las guerras de Marruecos. La Política de Maura,* Erasmus, 2014, *passim*; MADARIAGA (DE), M.ª ROSA, *España y el Rif. Crónica de una historia casi olvidada,* La Biblioteca de Melilla, 2008, *passim*; *Abd-el-Krim EL JATABI. La lucha por la independencia,* Alianza, Madrid, 2013.

oficial, respaldada por el partido Istiqlal, fundado en 1943, antes de la independencia de Marruecos.

El Sultán ya advirtió a Francia[101], en abril de 1956, su determinación por conseguir la independencia y forzar la salida de su territorio de todas las fuerzas armadas extranjeras.[102]

La introducción de España de una serie de cargas fiscales en la zona fue el detonante de la guerra, aglutinando en el Ejército de Liberación Nacional (ELN) todos los movimientos anticolonialistas. Marruecos contó con el respaldo de EE.UU. lo que indujo a España a aliarse con Francia.

En abril de 1956, se firmó en Madrid el final del Protectorado y la devolución del territorio, salvo Ifni, ocupado por España en 1934.[103] Posteriormente, en 1969, tras el Tratado de Fez, España cedió a Marruecos la provincia de Ifni. A partir de entonces, Rabat hubo de enfrentarse al Frente Popular de Liberación de Saguía el Hamra y Río de Oro (POLISARIO), que inició la lucha armada, apoyados por Gadafi y Buteflika, cuyo objetivo era la creación de la República Árabe Socialista Democrática (RASD). Marruecos construyó el muro de separación de lo que consideraba su territorio (el más largo del mundo), fuertemente rodeado de minas antipersona.

Tras la intervención infructuosa de diversos organismos internacionales, Hassan II optó por la ocupación del territorio con 300 000 civiles (Marcha Verde), que terminó por el abandono español de ese territorio,[104] y la incertidumbre de los

101 PASTRANA, Juan, *La guerra de Ifni-Sáhara y la lucha por el poder en Marruecos,* Tesis doctoral, Universidad Pompeu Fabra, Barcelona, 2013, p. 242.

102 MORALES LEZCANO, Víctor, *Historia de Marruecos. De los orígenes tribales y las poblaciones nómadas a la independencia y la monarquía actual,* La Esfera de los Libros, Madrid, 2006, p. 369.

103 CHAVES NOGALES, Manuel, *Ifni, la última aventura colonial española,* Almuzara, 2012, *passim.*

104 FERNÁNDEZ ACEYTUNO, Mariano, *Ifni y Sáhara, Una encrucijada en*

saharauis, quienes, en la actualidad, siguen defendiendo la celebración de un referéndum de autodeterminación, frente a las fórmulas marroquíes de autonomía, claramente orientadas a una ulterior incorporación plena del Territorio.

En 1999, tras el fallecimiento de Hassan II, accedió al trono su hijo mayor, Mohamed VI, con un talante aperturista y renovador, prometiendo acabar con la corrupción política y el respeto a los derechos humanos, reconociendo derechos a las mujeres, y aceptando el pluralismo político. Pese a ello, las tensiones con España no han desaparecido, como lo testimonian los incidentes en Ceuta y Malilla, los flujos migratorios a Canarias, o las reivindicaciones sobre la delimitación de las aguas territoriales de las islas y la pesca.

España, en la actualidad, según Naciones Unidas, sigue siendo potencia administradora (*de facto*), lo que ha llevado al actual presidente del Gobierno de España, Pedro Sánchez, al envío de una carta al rey de Marruecos (14 de marzo de 2022), en la que se recoge: «Reconozco la importancia que tiene la cuestión del Sáhara Occidental para Marruecos y los esfuerzos serios y creíbles de Marruecos en el marco de Naciones Unidas, para encontrar una solución mutuamente aceptable. En este sentido, el gobierno de España considera que la propuesta marroquí de autonomía presentada en 2007 como la base más seria, creíble y realista para la resolución de este diferendo».

La historia moderna de **Egipto** ha estado marcada por la figura de su presidente Nasser, en el poder desde 1954 a 1970, y por los Hermanos Musulmanes (en adelante la Hermandad

---

la historia de España, Ed. Simancas, 2001, p. 709, recoge que la Marcha Verde terminó cuando Carrero Blanco envió a Marruecos la pregunta «¿Queréis la guerra?».

o HH. MM.), organización creada en 1928, con clara orientación islamista.

Los HH. MM., desde su fundación, han sido una constante en la política egipcia, oscilando entre el apoyo e intervención en determinados gobiernos, hasta su consideración como organización terrorista y su respectiva ilegalización. Su fundador al-Bana fue asesinado en 1949, durante una fase en la clandestinidad de la Hermandad. En 1954, tras la creación de un cuerpo paramilitar clandestino (Sección Especial), la organización fue acusada de intento de asesinato de Nasser, siendo objeto de prohibición y represión, con el encarcelamiento de más de un millar de sus componentes. Posteriormente, Sadat, como presidente, incorpora a la Hermandad a la vida política, dando comienzo a actividades sociales (servicios educativos, sanitarios y hasta deportivos) que atraen a las masas de los más desfavorecidos, evolucionando en su actividad política hacia un liberalismo islámico, marcadamente conservador.

En la actualidad, Egipto es una república socialista cuya religión es el Islam, gobernada por el Partido Nacional Democrático (NDP), estando vetados partidos islamistas o de minorías religiosas, como coptos o cristianos.

Gamal Abdel Nasser, a quien nos hemos referido anteriormente, gobernaría como presidente entre 1954 y 1970, imprimiendo un cambio radical en la política egipcia, no sólo en su aspecto nacional, sino en sus relaciones internacionales.[105] Aprobó la Constitución de 1956, nacionalizó la Compañía del Canal de Suez y encabezó un panarabismo frente a la agresividad del Estado de Israel.

La República, tras el final del mandato de Nasser, no ha estado exenta de alteraciones, incluido el asesinato de uno

---

105 Nasser se convirtió en el paladín de los países no alineados, tras la Conferencia de Bandung (Indonesia), en 1955.

de sus seis presidentes (el-Sadat), cuya iniciativa más destacada fue el acercamiento a Israel y la firma de los acuerdos de Camp David, y el Tratado de Paz con Israel –por el que recuperaba el Sinaí, reconociendo al Estado de Israel–, considerados por el mundo musulmán como una traición, adoptando una posición de boicot hacia Egipto. En 1981, Sadat moría asesinado por militares islamistas mientras presidía una parada militar. Su sucesor, Hosny Mubarak, presidió el país durante treinta años, reemplazado, en 2012, por Mohamed Morsi, condenado y fallecido en la cárcel, en 2013, a quien sucede Al-Sisi, en el poder en la actualidad.

Mubarak, militar, imprimió un carácter autoritario a su régimen (Ley de Emergencia y partido único, Partido Nacional Democrático, PND), partido con el que consiguió sucesivas reelecciones. La corrupción se instaló en el país, en beneficio del presidente y su familia.[106] La mitad de la población egipcia vivía por debajo del nivel de pobreza absoluta (un dólar diario).[107]

En 2011, las manifestaciones contra el régimen (plaza Tahrir, en El Cairo), apoyadas por la Hermandad, fuertemente reprimidas, terminaron con el mandato de Mubarak. Tras un breve período de gestión por las fuerzas armadas, los electores votaron a favor de Morsi, con presencia en su gobierno de miembros de la Hermandad. Poco después, arreciaron las protestas contra Morsi por sus medidas islamistas radicales y su mala gestión económica y social, con tal intensidad que el

---

106 Fuentes oficiosas valoran su fortuna en varios billones (americanos) de dólares, procedentes de su plan de privatización de sectores públicos estatalizados por Nasser.

107 LAMPRIDI-KEMOU, A. «Egipto: la revolución inconclusa», en GUTIÉRREZ DE TERÁN I. y ÁLVAREZ OSORIO I. *Informe sobre las Revueltas Árabes Ediciones de Oriente y del Mediterráneo,* Madrid, 2011, p. 69.
-TERREROS CEBALLOS, Gonzalo, *Conflictos internacionales (II)..., op. cit.* p. 175.

Ejército, encabezado por al-Sisi, tomó el poder. La Hermandad pasaría a la clandestinidad y Morsi (el único presidente elegido por votación) sería juzgado en 2014 y condenado a cadena perpetua. Moriría en la cárcel en 2019.

«Hoy, Egipto es una dictadura militar sin paliativos que cuenta con la tácita aceptación de Estados Unidos y Arabia Saudita, habiéndose frustrado las expectativas de una población depauperada y sometida con reivindicaciones manifestadas en la plaza Taharir, seis años antes».[108]

Al margen de la zona septentrional mediterránea y de Sudáfrica, algunos países de África subsahariana han conseguido un cierto grado de estabilidad política y social en paralelo con avances en su economía.

Es el caso de **Botswana,** antiguo protectorado inglés hasta su independencia, en 1966, en cuya fecha era uno de los países más pobres del continente. No tiene salida al mar y buena parte de su territorio la ocupa el desierto de Kalahari. Históricamente, la influencia de Sudáfrica, su vecino del sur, ha sido notable desde la llegada a su territorio de los afrikáners de El Cabo, en 1860.

En la actualidad, su estructura política es el de una república presidencialista (presidente ejecutivo), con un partido dominante, el Partido Democrático de Botswana (BDP), junto a otros partidos como el Frente Nacional de Botswana (BNF), con diversidad de sindicatos. Es el país con menor grado de corrupción del continente africano.

La sucesión de presidentes –desde el primero, Khama, llegado al poder en 1966, hasta el actual, Masisi, elegido en 2018– ha sido una serie de elecciones democráticas, sin desórdenes de ningún tipo y sin golpes de Estado.

---

108 Ibid. p. 175.

La economía de Botswana dio un vuelco vertiginoso, en 1970, con el descubrimiento de diamantes. De hecho, es una de las economías que han registrado mayor índice de crecimiento de su PIB, con índices anuales próximos al 10%. En la actualidad, es el segundo productor mundial de diamantes, sólo superado por Rusia. Además de los diamantes, la minería del país produce oro, níquel, cobalto y carbón.

Su desarrollo económico-social se ha basado en la diversificación entre industria y servicios –con una pequeña participación de la agricultura, dada la escasa proporción de tierras cultivables, la desertización de tierras y la escasez de agua en superficie–, y una atención preferente a la enseñanza y educación de la población. La tasa de alfabetización asciende al 83% de su población y la escolarización de niños alcanza el 81% de su censo. El 21% del PIB del país se invierte en educación y enseñanza a todos los niveles. Asimismo, es de destacar su inversión en infraestructuras y servicios públicos.

Destaca los esfuerzos por la conservación de la naturaleza, la proliferación de parques nacionales y reservas de fauna salvaje (ocupan el 30% del territorio), todo lo cual, junto con lo exótico de su paisaje, su flora y su fauna,[109] además de la seguridad reinante en el país, representa un gran atractivo para el ecoturismo y la caza, capítulos muy importantes de los ingresos de la república.

Todas estas circunstancias mencionadas más arriba explican por qué la cadena de radio norteamericana, La Voz de América, emite desde Gabarone para el resto del continente. Asimismo, la extensión del VIH y su persistencia entre la población, ha dado lugar a la creación del laboratorio de

---

109 La reserva de elefantes africanos del delta del río Okavango está considerada como la más importante de África.

referencia del VIH de Harvard de Botswana, en funcionamiento desde 2003.

En resumen, Botswana es el país africano con índice de democracia y estabilidad política más elevado, con avances técnicos destacados, con una economía equilibrada, alto nivel de escolarización, preocupación por la conservación de la naturaleza y ausencia de conflictos. Sus minorías (bosquimanos) están protegidas.

Pese a ello, la presencia del VIH sigue estando muy extendida en algunas regiones, el flujo de refugiados de Zimbabue plantea problemas de gestión y asimilación, y, en economía, adolece de una elevada inflación (63 %). Pese a estos avances, el 17 % de la población vive en condiciones de pobreza grave.

Otro país destacado por su devenir postcolonial es **Namibia**, antigua colonia alemana, comprada por un comerciante germano al líder local nama, en 1884, integrado en el África del Sudoeste Alemana hasta el final de la Primera Guerra Mundial, cuando la Sociedad de Naciones traspasó la administración de la colonia a Sudáfrica, situación que perduró durante cincuenta años, hasta el reconocimiento por la ONU, en 1973, del movimiento Organización del Pueblo de África del Sur, de Namibia (SWAPO de Namibia) y su independencia definitiva, en 1990.

La geografía de Namibia es un tanto singular. Toda su costa, de más de 2000 kilómetros, entre Sudáfrica al sur y Angola, al norte, la ocupa una franja desértica, el desierto de Nabib, así como, en buena parte de su territorio oriental, comparte con Botswana una gran extensión del mencionado desierto de Calahari, además de la cordillera Gran Escarpado. La belleza de sus dunas es mundialmente conocida y admirada. Menos de un tercio de su territorio total, de 800 000 km², es apto para la agricultura y la ganadería, como tampoco lo es para asentamientos humanos estables.

Namibia, desde el Tratado de Berlín, se convirtió en una colonia de Alemania (África del Suroeste Alemana), hasta que, a consecuencia de la Primera Guerra Mundial, la Sociedad de Naciones transfirió su administración a Sudáfrica. Durante su dependencia de Sudáfrica, Namibia padeció los efectos del *apartheid* en su propia población, situación actualmente plenamente superada.

Hoy es una república presidencialista, democrática, multipartidista, con una constitución en la que se defiende el Estado de Derecho, la economía de mercado, la libertad de prensa y el respeto de los derechos humanos. Su nivel de alfabetización es del 89% de su población y la escolarización es obligatoria entre los 6 y los 16 años, con una tasa marginal de abandono escolar (el Estado dedica el 20% del presupuesto anual a la educación). Durante todo el período de independencia se han desarrollado programas de integración y convivencia de sus doce etnias más significativas. Hoy, Namibia está considerada como uno de los países africanos más libres y democráticos.

La economía del país, muy relacionada con Sudáfrica (Unión Aduanera de África Austral), se basa en la agricultura, la minería (oro, diamantes, cobre, uranio y cinc), el ecoturismo y la pesca. Sus reservas de gas *offshore,* apenas están explotadas. Sus puertos y demás infraestructuras son de calidad, para los estándares africanos. Su PIB per cápita (4700 $) se sitúa entre los cinco mejores del resto del continente.

Pese a esta destacada evolución, a Namibia le quedan algunas asignaturas por aprobar. Su nivel de paro es elevado, como lo es el desigual reparto de su riqueza. Asimismo, la economía informal está muy extendida, y todavía, el 52% de la población depende de la agricultura.

El tercer país destacado por su relativa estabilidad post-colonial es **Ghana**, antigua Costa de Oro, cuyo devenir más lejano se asocia a ese metal y a su participación en el comercio de esclavos, además de por el papel de su primer presidente Nkrumah en todo lo referente al independentismo africano, al que ya nos hemos referido anteriormente.

Ghana es un país costero, situado en el golfo de Guinea, entre Costa de Marfil y Togo, en la costa, y Burkina Faso en el interior.

Descubierto por los portugueses en 1471, integró su imperio hasta 1642. Posteriormente, holandeses, suecos, daneses e ingleses se sucedieron en su control colonial, hasta su independencia en 1957. El oro y, posteriormente el esclavismo, fueron los causantes de esta sucesión de países europeos, ansiosos de participar en ambos negocios.

Previamente, y siempre el oro mediante, en su zona proliferaron los reinos (Akan, Twifu, Gonja, Bono, etc.), hasta la formación de la Confederación Ashanti en 1701, principal suministrador de esclavos en los años posteriores. Tras su reconocimiento por los europeos de su soberanía sobre alguna zona de la región, en 1817, fueron los ingleses, ya en 1902, quienes vencieron a los Ashanti, incorporando el territorio a su colonia Costa de Oro. Además del oro, intensificaron su explotación agrícola (cacao) y forestal.

En 1947, se creó la United Gold Coast Convention (UGCC), primer movimiento nacionalista, cuyo secretario general fue Nkrumah, panafricanista educado en USA. Posteriormente, se separó de la Convención para crear su propio partido, Covention Peoples Party, iniciando una campaña de protestas y huelgas, reclamando la autonomía del país, al que se opuso el National Libaration Party (NLP), de mayoría ashanty, pese a lo cual, Ghana se convertía en el primer país subsahariano en lograr su independencia, en 1957.

Nkrumah, su primer presidente, prohibió los partidos políticos regionalistas o religiosos. De hecho, esto significó el sistema de partido único. Inició una serie de reformas para la transformación del país. Poco después, en 1966, Nkrumah fue depuesto de la presidencia por un golpe de Estado, lo que le obligó a refugiarse en Guinea, iniciándose una serie de gobiernos militares, traduciéndose en un período de estancamiento económico e inestabilidad política, hasta la implantación de la segunda y tercera repúblicas, entre los años 1969 y 1972.

Fue durante la cuarta república, con la aprobación de la constitución de 1993, cuando la vida política se estabilizó definitivamente en Ghana, convirtiéndose en una república presidencialista con variedad de partidos, en la que las sucesivas elecciones se han desarrollado sin incidentes, incluida la reelección de su actual presidente, John D. Mahama, en 2025.

Hay un programa de explotación de sus reservas de hidrocarburos y los elevados precios del oro han beneficiado a la economía del país, pese a lo cual, el déficit público continúa en tasas elevadas (7,9 %) al igual que la inflación, aunque el FMI considera la economía del país como sostenible.

Pese a ello, persiste un cierto nivel de corrupción, las explotaciones mineras privadas dan lugar a exportaciones irregulares, con efectos nocivos en las aguas subterráneas y en los ingresos estatales.

Igualmente, el yihadismo procedente del Sahel, se ha acrecentado en el norte del país, planteando algunos problemas de estabilidad, habiéndose recurrido a la colaboración de los países de la CEDEAO para protegerse de su influencia en el resto del país.

En lo que a buena parte del resto de países se refiere, el panorama no resulta alentador. Abundan los regímenes militares, los golpes de Estado, los países con partido único que garantiza las sucesivas reelecciones de sus líderes, proclives a sucesiones dinásticas, abunda el autoritarismo –*de facto* dictadura–, la corrupción, la cleptocracia y la represión. En algunos casos, se ha llegado al límite del despropósito. Este sería el caso, por no citar más que algunos ejemplos, de Francisco Macías, en Guinea Ecuatorial;[110] Idi Amin Dada, en Uganda; Jean-Bedel Bocassa, en República Centroafricana; de Hissène Habré en Chad, o Mobutu Sese Seko, en Zaire, hoy República Democrática del Congo.

Entre otros casos menos conocidos de longevidad en el cargo, caben destacar: Paul Biya, presidente de Camerún desde 1982; Denis Sassou-Ngesso, presidente de la República del Congo entre 1979 y 2009; Yoweny Masoveni, presidente de Uganda desde 1986 hasta la actualidad; Isaias Afwerki, presidente de Eritrea desde 1998; e Ismail O. Guenelleh, presidente actual de Yibuti desde 1999.

En el «índice de democracia» de *The Economist* sólo se destacan como países con democracias homologables Botswana, Namibia, Sudáfrica Ghana y Lesoto. El resto se reparten entre regímenes autoritarios, o los calificados como híbridos, considerando como tales: Marruecos, Mauritania, Nigeria, Gabón, Mozambique, Etiopía, Níger y Tanzania. El resto están clasificados como regímenes autoritarios.

---

110 CAÑO, Antonio, *El monstruo español: Francisco Macías y el final de la aventura colonial española,* La Esfera de los libros, 2025, *passim*. Recoge los antecedentes de la actual dictadura en Guinea Ecuatorial, y su independencia en la época franquista.

5.5 Movimientos unionistas y panafricanos

Uno de los riesgos del continente africano, tras su independencia, es la posibilidad de enfrentamientos entre sus Estados, dado el trazado de fronteras por las potencias coloniales sin tener en cuenta las etnias que quedaron divididas, de una parte, junto con el aislacionismo de muchos de esos países por parte de las antiguas metrópolis o por países sin experiencia colonial. De ahí que surgieran diversas iniciativas en favor de uniones o asociaciones de diferentes Estados con un propósito de globalizar posiciones de conjunto, por encima de la individualidad de cada nación. Nace así el panafricanismo, en gran medida, generado en la diáspora negra, con el slogan «África para los Africanos».[111]

Desde el comienzo de estas iniciativas, aparecieron orientaciones diversas, en particular en lo referente a las relaciones con las antiguas potencias coloniales, desde los más integracionistas frente los que propugnan un separatismo radical con sus antiguas metrópolis.

En diciembre de 1960, doce antiguas colonias francesas se reunieron en Brazzaville, con el objetivo de crear una especie de confederación encaminada a manejar las relaciones de cooperación con Francia (Grupo de Brazzaville). En 1961, Marruecos, por su lado, organizó una reunión en Casablanca con los Estados africanos más radicales (Egipto, Ghana, Guinea, Libia, Argelia y Mali) (Grupo de Casablanca). Ese mismo año, en Monrovia, Etiopía, Liberia, Nigeria y Sierra Leona, se unieron al grupo de Brazzaville cuyo conjunto dio en denominarse Grupo de Monrovia. Ambos grupos (Brazzaville y Monrovia) fueron eliminando diferencias para, en 1963, reunir a 32 Estados en Addis Abeba con el objetivo de crear la Organización de la Unidad Africana (OUA) como

---

111 LE GOURIELLEC, Sonia, *Geopolitique...*, op. cit. p. 61.

organización intergubernamental, respetando la soberanía y las fronteras de cada Estado miembro, reduciendo así su capacidad de maniobra, propugnada por Nkrumah de Ghana, partidario de una unidad más fuerte.[112]

Los dos objetivos principales de la OUA fueron, en primer lugar, poner fin a la colonización y al dominio de las minorías blancas, para, en segundo lugar, facilitar la solución colectiva de conflictos y propiciar el desarrollo. Las múltiples guerras posteriores a 1963, y el número de países en estado de sub-desarrollo demuestran la impotencia de la OUA para llevar a cabo con eficiencia sus objetivos fundacionales, en particular los relativos a conflictos y los referentes al desarrollo de buena parte de África.

Debido a esta escasez de resultados de la OUA, surgieron voces propugnando una reforma de la institución, yendo, incluso, a manejar la idea de Gadafi de crear los Estados Unidos de África, que fue desechada en la cumbre extraordinaria de Syrte (libia), en 1999, donde se decidió transitar hacia la constitución de una Unión Africana (UA), idea que cuajaría en la reunión de Lomé (Togo), en el año 2000.

La UA, cuyo objetivo era garantizar la paz, la seguridad y el desarrollo, planteó una estructura organizativa a base de nuevas instituciones como el Parlamento panafricano, el Consejo de paz y seguridad (CPS), el Tribunal africano de Justicia y de derechos del hombre, y una Comisión de la UA. Cada una de estas instituciones tendría su sede en países diferentes, si bien su sede central radica en Adís Abeba. También se preveía la creación de un Banco Central Africano y una moneda común para todo el continente.

Los objetivos de la UA se centraban en la eliminación de los vestigios del colonialismo y el *apartheid*, el reforzamiento de la unidad y solidaridad entre los Estados africanos,

---

112 Ibid. p. 63.

la cooperación y desarrollo, así como la integridad territorial de los Estados, acelerar el desarrollo del continente, todo ello con respeto de los derechos humanos y la aplicación de la cooperación internacional propugnada por la ONU.[113]

Todos los países de África, con excepción de Marruecos –por la consideración del Sahara Occidental como República Árabe Saharaui–, forman parte de la UA, con una población algo superior a los 1400 millones de habitantes y una deuda conjunta de 2,45 billones de euros.

Además de la UA, una serie de instituciones supranacionales han ido surgiendo, en ocasiones superpuestas y origen de algunas tensiones entre ellas. Es el caso de la Comunidad de Desarrollo del África Austral (SADC), La Comunidad de África del Este, o la Comunidad Económica de Estados de África Central (CEEAC).

En la reunión de Abuja, en 1991, se acordó la creación de la Comunidad Económica Africana (CEA), a escala continental, prevista para entrar en vigor el año 2028. Se trata de una unión económica y monetaria a escala continental, tratando de coordinar sus actividades con las ocho comunidades económicas regionales (CER).

En marzo de 2018, se creaba la Zona de Libre Comercio Continental Africana, por iniciativa de la UA y del impulso del presidente ruandés, Paul Kagame, dada la lentitud y el volumen de intercambios intraafricanos (16 % de las transacciones comerciales de todo el continente).[114] El objetivo es elevar ese porcentaje hasta el 38 %, en 2030, a base de eliminación de aranceles, mejoras en las infraestructuras de transporte y la menor dependencia de monedas extranjeras (dólar y euro) mediante un sistema de liquidación integrado

113 MBA ABESO, José, *Quo vadis Africa?*, Luanda, 2010.

114 NARANJO, José, «La zona de libre comercio africana da sus primeros pasos», *El País-Negocios*, 1 de diciembre de 2024.

denominado Sistema Panafricano de Pagos y Liquidación (PAPSS). En 2021, entró en vigor la Zona de Libre Cambio Africana (ZLEC), significando un logro de constituir organizaciones que estén por encima de las mencionadas iniciativas regionales, cuya coordinación no ha sido fácil hasta el momento.

Por su singularidad, como agrupación territorial monetaria, cabe mencionar la iniciativa francesa del franco CFA, considerado con frecuencia, como un instrumento de dominio postcolonial de los catorce países que utilizan esta moneda.[115] La moneda fue creada por Francia en 1945, y su objetivo era evitar devaluaciones competitivas de las monedas locales y facilitar el comercio entre esos países, además de atraer inversiones extranjeras hacia los mismos. Durante sus primeros años, hasta 1994, se estableció un cambio fijo de cincuenta francos CFA por cada franco francés (después, con el euro). En ese año, se produjo una devaluación del 100%, es decir a un valor de 100 francos CFA por cada franco francés (en 1999, su valor era de 665,9 FCFA por cada euro). El Tesoro francés garantizaba la convertibilidad. Para ello, los bancos centrales africanos estaban obligados a depositar el 50% de sus reservas en el Tesoro francés. Francia, tras la reforma de FCFA en 2017, modificó el modelo, eliminando la obligación de depositar reservas en el Tesoro francés, y abandonando su participación en el consejo del BCEAO, sin dejar de ejercer un cierto control sobre la nueva moneda que pasó a denominarse ECO, vinculándose a varias divisas (euro, dólar y otras).

Francia puso fin al FCFA, en 2020, por ser considerado como un instrumento de control monetario de los países

---

115 Benín, Burkina Faso, Costa de Marfil, Guinea Bissau, Mali, Níger, Senegal y Togo, integrados en la UEMOA, junto a Camerún, Congo, Gabón, Guinea Ecuatorial, Chad y República Centroafricana, que conforman la CEMAC.

asociados a la moneda, impropio de una situación postcolonial, amén de haber debilitado las exportaciones a causa del tipo de cambio fijo y la imposibilidad de practicar devaluaciones que facilitaran sus exportaciones. Con anterioridad, los países fueron abandonando el FCFA. Sékou Touré, de Guinea, fue el primero en abandonarlo, en 1960. Le siguieron Mali (1962), Madagascar y Mauritania (1973). Hoy, hay dos monedas no convertibles entre sí: la emitida por el BCEAO, para los Estados de la UEMAO, de África Occidental, y la emitida por el BEAC (Banco de los Estados de África Central) para la zona de África Central.

En 1975, doce países firmaron en Lagos el tratado por el que constituir la Comunidad de Estados de África Occidental (CEDEAO), cuyo objetivo fundamental era la integración económica y comercial de los países firmantes, además del apoyo y colaboración para el mantenimiento de la paz. De esta iniciativa nació el Banco de Inversión y Desarrollo de la CEDEAO.

Poco después de su constitución, dos países, Cabo Verde y Mauritania, abandonaron la organización. Más recientemente, en 2023, Mali, Burkina Faso y Níger crearon la Alianza del Sahel (AES), que nació como un instrumento de defensa mutua, nacido de la amenaza de la CEDEAO de intervenir en Níger, tras su último golpe de Estado, tal como había procedido anteriormente con otros países de la Comunidad (Costa de Marfil, Liberia, Guinea Bissau, Mali y Gambia).

En la actualidad, forman parte de la CEDEAO: Benín, Cabo Verde, Costa de Marfil, Gambia, Ghana, Guinea Bissau, Liberia, Nigeria, Senegal, Sierra Leona y Togo.

Quizás el proyecto más ambicioso de transformación continental, con un claro enfoque de panafricanismo, que permita convertir a África en una potencia global, es el firmado en Addis Abeba, el 31 de enero de 2015, conocido como Agenda 2063, propiciado por la Unión Africana y firmado por todos sus miembros, a excepción de Marruecos, autoexcluido de la organización, en 1985, como ya se ha mencionado, por el reconocimiento como miembro de la República árabe Saharaui Democrática (RASD), territorio que reclama como propio el gobierno marroquí.

El proyecto, al que tendremos ocasión de analizar con mayor detalle en capítulos posteriores, puede calificarse como extremadamente ambicioso y de amplio espectro, con objetivos cuantificados, calendarios de revisión, instituciones encargadas de su seguimiento, todo lo cual, despierta alguna duda sobre la factibilidad de sus propósitos generales. Lo que sí deja de manifiesto es, entre otros desafíos, la conciencia de la actual marginación de África de la geopolítica mundial; la necesidad de una mayor integración continental; la erradicación de guerras intestinas; la formación y promoción de la sociedad africana, en particular, de la mujer y los jóvenes; la importancia de la industrialización y la elaboración de los recursos naturales de su suelo y subsuelo; así como la urgencia de integrarse en las nuevas tecnologías.

5.6 La influencia extranjera. Las religiones

Como ocurre con otros muchos planteamientos, al hablar de influencias culturales y religiosas, se hace preciso diferenciar entre la zona septentrional africana del Mediterráneo y el África subsahariana. La primera, como ya se ha mencionado, «perteneció» a las antiguas culturas e imperios mediterráneos, bien porque nacieron en territorio africano, o bien porque áreas del norte (Mauretania, Cirenaica o Egipto) fueron parte integrante de imperios europeos, como el romano, el cartaginés, el bizantino o el otomano.

Por el contrario, el África subsahariana occidental fue conocida para los europeos tras los avances de los navegantes portugueses, en el siglo XV, y la posterior penetración en el interior del continente por los exploradores, a los que se ha aludido más arriba. A su vez, el este africano, mantuvo contactos comerciales desde muy antiguo, con los países e imperios del Índico y de Oriente Medio, al ser sus suministradores de oro, marfil y esclavos de ambos sexos.

Es obvio, que la presencia colonial europea durante los siglos XIX y XX ha tenido un impacto radical en todos los ámbitos de la sociedad colonizada, que resulta innecesario enumerar con detalle. Esa influencia perdura, aunque no sea más que por la adopción de las lenguas de sus antiguas metrópolis, y la estructura y funcionamiento de la administración del Estado, eso sí, con relaciones planteadas en unos términos de mayor igualdad en sus soberanías.

Francia ha sido el actor principal de las relaciones post-coloniales con el África francófona. Miles de expatriados franceses han ocupado puestos en la administración, la sanidad o la enseñanza de sus antiguas colonias, propiciando una intensa relación económica y cultural con la que fue su metrópoli. Destacados personajes africanos se han formado en sus universidades y/o participado en sus instituciones docentes, legislativas o de gobierno. Asimismo, tras la independencia, Francia ha mantenido bases militares en Chad, Costa de Marfil, Burkina Faso, Mali y Mauritania, y con el acuerdo de los gobiernos locales, han desplegado tropas en otros países de su influencia. De hecho, esa presencia militar ha ido decayendo tras la expulsión de Malí, Níger y Burkina Faso, culminando con la ruptura de Chad y Senegal de sus acuerdos de defensa, en noviembre de 2024. Este abandono forzado de las fuerzas francesas ha propiciado la entrada en escena de tropas rusas del grupo Wagner.

Gran Bretaña, por su parte, ha colocado sus excolonias africanas bajo el paraguas de la Commonwealth, con una influencia militar y política significativamente más leve que Francia, incluido el capítulo de ayuda. No así en lo referente a intercambios comerciales, en particular con Sudáfrica, aunque con una evolución decreciente. En 2010, ya era China el primer socio comercial bilateral con las principales excolonias británicas como Kenia, Nigeria y Sudáfrica.[116]

En cuanto a la ayuda se refiere, la actitud británica ha tenido oscilaciones significativas, desde una posición modesta en los años noventa, hasta destacar por su importancia en los gobiernos laboristas de Tony Blair, además de su colaboración militar con la misión de la ONU en Sierra Leona (UNAMSIL).

Las relaciones bilaterales entre las excolonias y sus antiguas metrópolis han ido evolucionando, bien por la búsqueda de nuevos donantes de ayuda, como los países nórdicos o los Estados Unidos, bien por la canalización de la ayuda de la Unión Europea a través de la UA u otras organizaciones pluriestatales, en detrimento de las ayudas bilaterales con cada estado.

La Convención de Lomé, en 1976, entre la UE y los países de África-Caribe-Pacífico, permitiendo un acceso preferente de esos países al mercado europeo, fue invalidada por los Estados Unidos, en 1995, por considerar que violaba los principios de la Organización Mundial del Comercio, siendo sustituida por los acuerdos de Cotonou (2000), en favor de la reducción de la pobreza de los países ACP.

Si nos referimos a las religiones, África no es una excepción a la creencia, a lo largo de la historia de otros grupos sociales, en la trascendencia del ser humano o a la apelación a «algo» superior e intangible que rige nuestras vidas.

---

116 LE GOURIELLEC, Sonia, *Géopolitique de L'Afrique,* op. cit., p. 83.

En los pueblos africanos, una serie de creencias animistas se vienen transmitiendo de generación en generación, de forma oral, debido a la carencia histórica de escritura y de estructuras (templos, sacerdotes). Esas creencias se asocian con su influencia en sus agriculturas, con la caza, con la lluvia, o con las relaciones con otras tribus, cuya interpretación queda en manos de adivinos, chamanes, curanderos o hechiceros, a través de ceremonias variadas, sin excluir, en su caso, los sacrificios rituales.

Estas religiones de cada clan, son de una gran diversidad, y, en la actualidad, tienen una cierta vigencia en áreas rurales más aisladas de la vida urbana. En gran medida, han sido sustituidas por la expansión del cristianismo y el islamismo en los últimos dos siglos. Hoy el cristianismo se practica por el 45 % de la población, en particular en el África meridional, frente al 40 % practicante de la religión islámica, más abundante en la zona más septentrional del continente. 31 países son mayoritariamente cristianos vs. 21 islamistas.

La entrada del Islam en África se inició en los siglos VII y VIII, a través de tres vías: las relaciones de la población bereber del norte mediterráneo con países del Sahel y del nordeste, de un lado[117]; Egipto, a través del Nilo superior y su entorno, de otro; y la costa este del continente, a través de la civilización Swahili, y las mencionadas relaciones históricas con la península arábiga y otros imperios del Índico.[118]

Puede decirse que fue el comercio lo que facilitó la adopción y expansión islamista, tanto por la aceptación por parte

---

117 REID, Richard J., *A history of modern Africa, 1800 to the presente,* Wiley-Blackwell, 2009, p. 82, todo el Magreb fue dominio del Imperio otomano hasta la batalla de Lepanto, pese a lo cual, volvieron a tomar Trípoli, Túnez y Argelia, permaneciendo en el mundo islámico hasta la expansión imperial de los europeos, en particular Francia, en el siglo XIX.

118 Ibid., pp. 83 ss. NIANE, D. T., *Historia General de África,* vol. 4, p. 25, califica al océano Índico de algunas épocas pasadas como «mare islamicus».

de otros países vinculados con las caravanas transaharianas, como por el manejo de los números y la escritura común de la lengua árabe, así como por la asunción de sus creencias y prácticas por parte de las esferas dominantes de esos pueblos.

Otro elemento de difusión del Islam fueron las migraciones de colectivos de creencias islamistas hacia comunidades a las que imponían esas creencias, no siempre de forma pacífica, como fue el caso de los Almorávides. Los fulanis, nómadas procedentes del Sahel, extendieron su influencia y su religión, tras haberse convertido, en su práctica totalidad, al islamismo, llegando a declarar la yihad entre los Sokoto, en el norte de Nigeria y Camerún. Ya en 1970, Sekou Touré, de Guinea, persiguió a los fulanis, provocando su diáspora.

La influencia del Islam en África a lo largo de los siglos transcurrió de una forma pacífica y generalmente aceptada por los recipiendarios. Sin embargo, en la actualidad, la versión más intransigente y belicosa de sus organizaciones como Al Qaeda, el Estado Islámico o Boko Aram, entre otras,[119] asolan territorio con su violencia, a la búsqueda del establecimiento del sultanato africano, con la *sharía* como única norma, matando indiscriminadamente, secuestrando civiles, incluido niñas, y tratando de participar en el suculento negocio del tráfico de drogas que transitan hacia Europa.[120] Hoy, el yihadismo constituye el mayor factor causante de la inestabilidad en África, con especial intensidad en el Sahel, Nigeria, Camerún, Somalia y Kenia. El ISIS controla alrededor del 45 % de Burkina Faso, el 20 % de Nigeria y otro tanto

---

119 Algunos de los otros grupos yihadistas más activos, pueden citarse: AQMI, Al Qaeda en el Magreb Islámico, Al-Shabab, ISIS, JNIM, Boko Aram, DAESA, MUYAO, etc.

120 MESA, Beatriz, *Los grupos armados del Sahel,* op. cit. p. 45.

de Níger. Por su parte Al Qaeda controla el 40% de Mali y más del 50% de Somalia.[121]

La AUTUC, acrónimo del Centro de Lucha contra el Terrorismo en la Unión Africana, registró en 2024, 3400 atentados, con 13900 víctimas, lo que supone un 59% del registro mundial. Define El Sahel como la «zona cero» del terrorismo con más de 6000 muertos anuales

La penetración del cristianismo en África se produjo en fases diversas, aunque puede decirse que, en la zona subsahariana, fue un fenómeno del siglo XIX y primera parte del XX, si se exceptúa la iglesia copta de Egipto. Nubia y Etiopía, dependientes de Alejandría, en los primeros siglos de nuestra era.

Los primeros misioneros llegaron a Mozambique y a Abisinia, de la mano de los portugueses en 1534. Pero no sería hasta el siglo XIX que los misioneros franceses (Padres Blancos o franciscanos, desde Argelia) y belgas extendieran su presencia en la zona subsahariana, con fuerte resistencia por las comunidades locales, en la medida en que los misioneros predicaban contra muchas prácticas ancestrales, desde la forma de vestirse, hasta la poligamia y otras costumbres sexuales. Otra actividad a la que dedicaron los misioneros sus esfuerzos fue la lucha contra el tráfico de esclavos, de nuevo contra la voluntad de muchos caciques locales, enriquecidos con tan suculento negocio.

La influencia de los misioneros en África rebasa la mera propagación de la fe, destacando la prestación de servicios sociales (enseñanza, sanidad), con frecuencia, en áreas aisladas en la sabana, complementando así las carencias de los gobiernos estatales. De sus escuelas surgieron muchos de los líderes que destacaron en la independencia de sus países e introdujeron algunos brotes de modernidad en sus ámbitos de influencia.

---

121 GARRALDA, Ana, Entrevista en El Diario.es (9.8.2024) a Hans-Jacob Shindler, fundador del Proyecto contra el Extremismo.

6. ÁFRICA EN LA ACTUALIDAD

6.1 Nuevas formas de colonialismo: el neocolonialismo de EE. UU., Rusia, China, India

Los países africanos, una vez alcanzada su independencia, iniciaron una fase de gran complejidad, dado que su etapa colonial no permitió una estructuración política, social y económica que facilitara su existencia sin la monitorización de las colonias. De hecho, la descolonización, no siempre pacífica, sólo eliminó la relación de soberanía entre metrópoli y colonia, sin que la influencia económica o militar desapareciera, o mutara hacia relaciones con nuevas potencias, con las que se han tejido vínculos ideológicos, económicos o militares cuya base de sustentación radica en el aprovechamiento de los vastos recursos naturales; un esquema que, al margen del vínculo de soberanía, es casi una imagen especular de la relación colonial, por lo que puede considerarse como un nuevo modelo de colonialismo con nuevos actores que se puede considerar como neocolonialismo.

La diferencia esencial entre el colonialismo histórico –como sometimiento a una colonia a su metrópoli de la que dependen en todos los aspectos de la vida, incluida la soberanía– y el neocolonialismo radica en que, en este caso, la relación de dependencia se produce entre dos estados soberanos sin que exista una sumisión formal de soberanía, sino vinculaciones históricas, económicas o culturales que sustentan una dependencia *de facto*. Es el colonialismo de países independientes, más próximo a una relación imperial. El protagonismo de esta nueva serie de relaciones, además de la mutación de países coloniales como Francia, se centra en países sin tradición colonial como Rusia, China, Estados Unidos e India, en algunos casos habiendo hecho palidecer la rigidez de los vínculos de las colonias con las antiguas potencias coloniales europeas.

Los **Estados Unidos** han mantenido con África una relación un tanto distante –con la excepción del experimento antiesclavista y comercial de Liberia o las relaciones con Etiopía– cuyos objetivos principales han sido: el libre comercio, el apoyo de movimientos de liberación frente a la influencia soviética durante la Guerra Fría, y la lucha en prevención de la propagación del terrorismo yihadista, en particular, tras los sucesos del 11S. Una combinación de diplomacia, desarrollo y defensa.

En alguna medida, Europa en la Conferencia de Berlín, se adelantó a los Estados Unidos, carentes de una política africana de dominio, con un enfoque básicamente comercial que, a partir del final de la Segunda Guerra Mundial, fue incorporando elementos estratégicos para hacerse con las zonas africanas controladas hasta entonces por el Eje. De hecho, una parte del Plan Marshall se destinó a la región, con el objetivo de mejorar su sistema de comunicaciones y transportes, fomentar sus fuentes de energía, la minería y la salud pública. Todo ello sin instalarse en ninguno de los países descolonizados y sin imponerles situaciones de sometimiento de su soberanía.

En el año 2007, EE.UU. aprobó el *African Growth and Opportunity Act* (AGOA), fomentando el comercio con África con facilidades comerciales a cambio de mejoras en los derechos humanos, respeto de las leyes, pluralismo político o lucha contra la corrupción y la pobreza en los países beneficiarios de esas facilidades. Posteriormente, en 2019, la Administración Biden aprobó la iniciativa *Prosper Africa,* facilitando la conclusión de más de 800 acuerdos comerciales por un importe de unos 45 000 millones de dólares.

La administración Biden propició múltiples acercamientos y firmó acuerdos con 45 estados, ampliando el ámbito de la colaboración más allá de la Ley de Crecimiento Africano, con una política (no extractiva) de incremento del comercio de productos africanos e inversiones directas que, paulatinamente han ido disminuyendo desde los 10 000 millones de dólares, en su inicio, hasta los 2000 actuales, con períodos (2015-2018) de saldos negativos, lo que significa desinversión.

Pese a sus riquezas y al progreso de sus intercambios, el conjunto de exportaciones e importaciones africanas sólo representan un 3 % del comercio mundial de bienes y servicios.

Estados Unidos ha participado activamente en misiones de paz de la ONU en Ruanda (UNOMUR y UNAMIR), Libia, Somalia (ONUSOM), Liberia (UNALIB), Burkina Faso, Camerún, Chad, República Centroafricana, Senegal, Golfo de Guinea, Sudán, etc. Todo ello a través del Mando Militar Independiente para África (AFRICOM), creado en 2007. Ha contado con presencia militar de bases o instalaciones en Yibuti, Uganda, Kenia, Gabón, Ghana, Burquina Faso, Senegal, Níger y Chad, que han facilitado su participación en misiones de Naciones Unidas.[122]

El desastre militar en Somalia, en octubre de 1993, en la batalla para la captura del líder guerrillero Aidid en

---

122 REY GARCÍA, P. y RIVAS NIETO, P., «Estados Unidos en África: una historia de no-política», *Revista UNISCI/UNISCI journal*, nº 60, octubre 2022.

Mogadiscio, imprimió un cambio de estrategia norteamericana, reduciendo su implicación militar, en favor de su colaboración para el desarrollo, política que volvió a mutar tras los acontecimientos del 11S y los ataques a sus embajadas en Kenia y Tanzania. El fracaso de los Rangers en Mogadiscio, bajo la presidencia de Bill Clinton, mesmerizó a la opinión pública norteamericana, impidió la intervención en el genocidio ruandés de 1994, además de provocar la retirada de las fuerzas internacionales del UNISOM II.

La política africana del presidente Trump se enfoca de nuevo hacia el fomento del comercio mutuo, menor implicación militar y cancelación de las ayudas del programa USAID, una de las fuentes más importantes de ayuda que recibe el continente africano.

Muy diferente ha sido la relación entre **Rusia** y África, en particular, en su planteamiento más reciente.

Durante el período soviético, Rusia buscó aliados ideológicos y políticos en un continente que emergía del dominio europeo y buscaba identidades y modelos en la estructuración de sus estados, siempre influidos por las antiguas metrópolis, pese a las frecuentes tensiones mutuas en el proceso de independencia. En general, Rusia apoyó los movimientos independentistas con ayuda militar, política y financiera. Fue el caso, entre otros, del CNA, MPLA, FRELIMO, ZAPU, SWAPO. Su objetivo fue atraer a su ámbito ideológico a los nuevos estados, ampliando así el espacio susceptible de integrarse en su área de influencia en la estructura bipolar en que quedaba dividido el mundo de los años sesenta.

El final de la URSS en diciembre de 1991, además de terminar con el imperio soviético, discurrió trufado de acontecimientos internos: guerras periféricas (Abjacia, Osetia del Sur, Nagorno-Karabaj o Chechenia), líderes incompetentes

(Yeltsin), el saqueo del Estado y entronización de la cleptocracia, así como la asunción del poder absoluto por el hombre de la KGB, Vladimir Putin. Obsesionado con la recuperación del poder político de la URSS, la debilitación de Europa y un expansionismo en África, utilizando la organización paramilitar Wagner, a la que nos hemos referido anteriormente al tratar la situación del Sahel (Supra 5.3). En ese de muchos regímenes procedentes de su ansia de aglutinar un área de influencia en el mundo, Putin, al margen de sus veleidades en Ucrania-Crimea, acaricia nuevas áreas de expansión en Moldavia, Transnistria, Kaliningrado, y, por supuesto, una presencia significativa en África. Para ello, aprovecha la inestabilidad de varios regímenes militares-golpistas necesitados de un garante que asegure la continuidad de sus dictaduras, a cambio del pago de esos servicios y la explotación de recursos naturales, muy en particular, el oro. La muerte por «accidente aéreo» del hombre fuerte de Wagner, Prigozhin, tras su amenaza a Moscú por falta de apoyo en Ucrania, el modelo continúa, en este caso, con el Africa Korps, muy concentrado en el Sahel.

El modelo, además de la violencia y represión de los movimientos antigubernamentales en favor de los dictadores, transmite la imagen de una explotación sin límites de sus riquezas, sin ninguna compensación que beneficie a la población, salvo la garantía de permanencia del dictador de turno y su posibilidad de lucrarse con la explotación de sus recursos.

La política de **China** en el continente africano es mucho más sutil y con mayor proyección de medio y largo plazo, en la medida que contribuye al progreso y bienestar de su población, sin inmiscuirse en querellas políticas internas. China busca relaciones permanentes, evitando la imagen de ser una nueva potencia colonial, buscando el interés mutuo, tal como figura en los Foros de Cooperación China-África. Busca, igualmente, una gobernanza multipolar con el Sur Global que rompa la hegemonía unipolar de USA.[123]

Básicamente, China se centra en realización de proyectos sociales (escuelas, hospitales, infraestructuras, medios de comunicación, etc.), generalmente, financiados con préstamos directos cuya contrapartida es la intensificación del comercio y/o la explotación de sus recursos agrícolas y mineros, que fomentan el empleo de la mano de obra local, ayudando a la mejora de sus poblaciones como derivada de sus iniciativas.

Especial importancia para África tiene el proyecto chino *Belt and Road iniciative (BRI)*, lanzado en 2013, conocido más vulgarmente como Nueva Ruta de la Seda, consistente en la creación de un espacio económico exterior mediante conexiones directas, ferroviarias y navales, entre los puertos chinos del Pacífico con Europa y otros destinos intercontinentales estratégicos. En 2023, 152 países, entre ellos, la mayoría de los países africanos, habían suscrito acuerdos de participación en el programa BRI. En él se incluyen inversiones en infraestructuras que faciliten el comercio, a la vez que permitan un acceso más fácil a los recursos locales.

Los resultados de su primera fase han sido alentadores y muy valorados por los participantes en el proyecto, si bien, a medio y largo plazo han planteado algunas dudas por la propia inestabilidad de muchos regímenes políticos africanos, por la saturación de iniciativas altamente contaminantes o por el aumento de su deuda, así como por las propias circunstancias chinas en cuanto al freno de su economía o a las potenciales fuentes inestabilidad por sus disputas con Taiwán o India. Pese a todo, puede decirse que los países reciben con

---

123 ÁLVAREZ COBELAS, Juan Ramón, «La geopolítica en el Sahel y en el Golfo de Guinea».

satisfacción los proyectos chinos, entre otras razones porque repercuten en la mejora de las condiciones de las poblaciones locales.

La **India**, con relaciones ancestrales con el este de África, pugna por competir con China, pese a que sus cifras de comercio con África son todavía sensiblemente inferiores. Pese a ello, hoy, India es el cuarto socio comercial de África, después de China, EE. UU. y la Unión Europea, con un volumen de su comercio mutuo de 85 000 millones de dólares.

India, convertida en modelo de independencia para los países africanos, se posicionó en la conferencia de Bandung (1955) en favor de la independencia de esos países, habiéndose manifestado con anterioridad contra el régimen de *apartheid* impuesto en Suráfrica en 1948 y presionó para que Sudáfrica fuera suspendida de la Commonwealth, en 1961.

Se han completado 190 proyectos con inversiones de unos 98 000 millones de dólares, junto a ayudas para la transición digital, becas, apoyo médico o iniciativas como la creación del Centro de Desarrollo Empresarial Ruanda-India (RIEDEC), mejora de transportes e infraestructuras en Zambia y Zimbabue o apoyo para hospitales en Tanzania.

La iniciativa Security and Growth for All (SAGAR), busca el Desarrollo económico sostenible de la zona africana del Índico, así como el proyecto Asia & Africa Growth Corridor (AAGC) trata de buscar, a través de acuerdos bilaterales, el desarrollo sostenible del comercio indo-africano.[124]

6.2 Los desafíos de África

En 1998, el Secretario General de Naciones Unidas, Kofi Annam, elaboró un informe sobre las causas de los conflictos

---

124 MESA, Beatriz, *El fracaso de Occidente...*, op. cit., p. 183.

en África y las medidas «realistas y aplicables» para reducir la violencia entre los Estados africanos y promover su desarrollo económico y social.

En su diagnóstico, necesariamente general, Annam enfatiza la necesidad de mejorar en la gobernanza de muchos países, en favor de regímenes basados en el Estado de Derecho y la Democracia, evitando los sesgos étnicos de los gobiernos; un mayor control y represión del tráfico de armas; el aumento de la participación de los países más desarrollados en los programas de pacificación de la ONU; revisión de la ayuda internacional en favor de una mayor autonomía e independencia económica; conseguir que un 50% de la ayuda recibida se invierta en África; conversión de la deuda de los países más pobres en subvenciones; y eliminación de barreras aduaneras para productos africanos.

Con este telón de fondo, no carente de agudeza, algunos de los desafíos a los que se enfrenta África en la actualidad merecen una consideración más detallada, en la medida en que su evolución posterior al mencionado informe, con carácter general, no ha tenido una evolución positiva, lastrando el desarrollo político, económico y social de amplios sectores de la población africana.

6.2.1 La deuda

La deuda, tanto a nivel individual como en el ámbito empresarial o en las finanzas públicas, juega un papel determinante, en la medida en que permite el mantenimiento continuo de una actividad económica o social, al margen de los ciclos o desajustes entre los ingresos y los gastos del sujeto económico a que se refieren. Sin embargo, esta facilidad debe ir acompañada de una doble condición: ser transitoria o coyuntural, así como proporcionada con la riqueza y/o flujo de renta que permita, razonablemente, hacer frente al servicio de la deuda, y al final de su vencimiento, a su amortización o repago. Si el flujo financiero corriente no permite el pago del servicio de la deuda, el deudor se verá abocado a una espiral en su deuda con un final incierto a su vencimiento.

Además de esa función de cubrir necesidades financieras a corto plazo, su papel fundamental es permitir inversiones productivas en proyectos cuya rentabilidad esperada permita, además de un beneficio, hacer frente a la deuda contraída.

En la actualidad, África se enfrenta a un problema de sobreendeudamiento que pone en peligro sus programas de desarrollo sostenible, en la medida que para muchos países el servicio de sus deudas resulta insoportable, máxime si se le añade la inestabilidad política, la deficiente gobernanza, la corrupción y la necesidad de acudir a nuevos endeudamientos para servir la deuda en vigor, con el consiguiente efecto espiral en el monto de sus endeudamientos.

Con motivo de la independencia de las antiguas colonias europeas, en la década de los sesenta del pasado siglo, iniciaron su andadura heredando la deuda contraída con sus metrópolis, a la que pronto de añadieron deudas muy cuantiosas, cuyo importe registró un importante crecimiento a raíz de la pandemia de covid de 1920.

La deuda del África subsahariana ascendía, en 2010, 305 000 millones de dólares, y para 2020, esa cifra se había transformado en 702 000 millones, lo que significaba pasar de un 24 % del PIB al 40 %, y de un 76 % de sus exportaciones al 156 %. 15 estados se situaban en un porcentaje de deuda por debajo del 50 % de su PIB, otros 20 en porcentajes entre el 50 % y el 100 % de su PIB, y 9 por encima del 100 % del PIB.[125] Para unas economías frágiles, como las de

---

125 Según CESCE, Compañía Española de Crédito a la Exportación, (2023), entre los quince países más endeudados del mundo figuran: Egipto, Etiopía,

muchos países africano, estos ratios son insostenibles y necesariamente conducen al impago.

Si se comparan estas cifras de deuda respecto a PIB con las de algunos países occidentales con elevado endeudamiento (Grecia 163 %, Italia 134 %, Bélgica 106 %, Francia 102 %, España 102 %, Reino Unido 100 %, EE. UU. 118 %, o Japón 256 %), puede deducirse que el nivel de la deuda de un país no es por sí mismo un indicador de subdesarrollo o lento crecimiento de su economía, siempre que la percepción de los acreedores o el *rating* de esa deuda sea favorable, y su servicio anual sea proporcionado con otros rubros de su cuadro macroeconómico, de forma que las prestaciones de servicios básicos no sufran un deterioro significativo a causa del servicio de la deuda. En España, en 2023, los intereses pagados por la deuda en vigor ascendieron a 39 000 millones de dólares, equivalentes al 2,4 % del PIB y al 10,1 % de las exportaciones.

En la actualidad, la deuda de la totalidad del continente africano asciende a 1,4 billones de dólares y su servicio anual roza los 163 000 millones de dólares. Un tercio de los estados está sobreendeudado y el servicio de la deuda representa un 60 % de sus ingresos, cifra que rebasa[126] ampliamente los fondos destinados a servicios médicos, enseñanza y otras prestaciones básicas. África destinó a la deuda un 14 % de sus gastos en 2023 (frente al 3,6 % en 2010), en contraste con la sanidad: 6,2 % vs. 5,8 % en 2010; y en educación: el 15 % en 2023 vs. el 17,25 % en 2010.

La deuda africana se ha visto agravada por una serie de factores, entre ellos la posición negativa de las agencias

---

Ghana, Kenia, Zambia y Malawi, algunos en suspensión de pagos o con la deuda renegociada.

126 CATDM, Parlamento Europeo, «The Left», «África: la trampa de la deuda y cómo salir de ella».

internacionales de calificación; la subida de los tipos de interés o las bajas tasas de crecimiento; el destino de los préstamos a inversiones cortoplacistas o a financiar el servicio de la deuda preexistente; la inversión de multinacionales, cuya actividad beneficia tan sólo a algunas minorías; la inestabilidad política y la corrupción de muchos gobiernos africanos; las guerras entre países o grupos étnicos civiles, en diversos puntos del continente; deterioro ambiental y reparaciones imputables a multinacionales operativas en esos países; y al impacto de pandemias, en particular, el covid-19.

Ante el problema que plantea la deuda de múltiples países africanos y su previsible evolución futura, han surgido diferentes intentos de solución sin que ninguno de ellos haya conseguido resolver el problema, y, en ocasiones, lo han agravado. Fue el caso de los Planes de Ajuste Estructural (PAE) y el Servicio Reforzado de Ajuste Estructural del FMI y del BM, enfocados a reformas fiscales y liberalización económica (privatización del sector económico estatal, eliminación de aranceles o impedimentos al establecimiento de compañías extranjeras) de los Países Pobres Muy Endeudados (PPME), que indujeron a un sobreendeudamiento y la subsiguiente crisis de la deuda en los años 70 a 90 del pasado siglo.[127]

Otras medidas, como la Iniciativa de Alivio de Deuda Multilateral (IADM), propuesta por los países acreedores en 2005, o la de quienes planteaban la cancelación de la totalidad de la deuda multilateral, así como la Iniciativa para Países Pobres Muy Endeudados (PPME), del FMI y del BM, o la iniciativa post-covid de suspensión del servicio de la deuda del G20 y del Club de París, son pruebas de la

---

127 Instituto Tricontinental de Investigación Social, Dossier 63, *Vida o deuda. El yugo del colonialismo y la búsqueda de África por alternativas,* abril 2023, p. 6.

creciente preocupación por el sobrendeudamiento de África y de sus dificultades para su servicio, con el riesgo de caer en una espiral de deuda incontrolable.

Las cifras de deuda africana, junto con datos de su PPA per cápita –que ha pasado de ser el 50% respecto al resto del mundo, en 1960, al 14%, en 1990–,[128] contrastan con la inmensa riqueza potencial de su suelo y subsuelo, quedando claro que la baja productividad de la agricultura y la industria africanas y su posicionamiento en la zona baja de su cadena de valor de sus exportaciones. A ello se añade la desigual distribución de la riqueza entre la población, en la que el 10% de los africanos más ricos ingresan anualmente un 54% del PIB global, mientras que el 50% de la población, los más desfavorecidos, sólo se benefician del 9% de ese PIB.[129]

6.2.2. La corrupción

La corrupción, en sus múltiples modalidades, es un mal generalizado en África, cuyos efectos en los sistemas de producción, en los programas sociales o en el funcionamiento de las instituciones públicas, pueden ser devastadores. De hecho, la corrupción es uno de los factores determinantes del subdesarrollo, en la medida que su expansión afecta a todos los niveles y organismos de la arquitectura estatal, de tal forma que dificulta o impide la gobernanza y, por ende, el progreso económico y social.

Para una persona del mundo desarrollado occidental resulta difícil imaginar el efecto corrosivo de la corrupción generalizada. Los poderes del Estado pierden su razón de

---

128 *The Economist*, 11 de enero de 2025, «The African gap».

129 LÓPEZ GARRIDO, Diego, «África entre la desigualdad y el progreso», en *Informe África. 2023, África en el nuevo escenario político,* Fundación Alternativas, nº 4, 2023.

ser, destruyendo cualquier posibilidad de orden e imperio de la ley y la justicia, para convertirse en estados mafiosos en lo que todo es transaccionable. Desde un punto de vista financiero, la corrupción, además de desviar fondos necesarios para proyectos de desarrollo, impide que los beneficios de la ayuda o del endeudamiento lleguen a la población, a la vez que aumenta la diferencia entre las minorías que se aprovechan de esos fondos y las clases más desprotegidas y más necesitadas. Paradójicamente, cuanto más se endeuda el país, menos progresa y más dificultades encuentra para poder financiar el servicio de la deuda contraída.

Este carácter contagioso de la corrupción alcanza a inversores extranjeros que, mediante coimas y otras «malas artes», consiguen ventajas frente a sus competidores y prebendas para el saqueo de recursos económicos, todo ello ajeno, como se ha mencionado, a la mejora del bienestar de la población y del país, y en beneficio de los líderes y estamentos corruptos.

La Organización Transparencia Internacional considera a África como el continente más corrupto, estimándose, a modo de ejemplo, que, como mínimo, 10 000 millones de dólares anuales se desvían de su destino a sanidad, educación o infraestructuras. Con un enfoque más amplio, se estima que la corrupción puede costar a África unos 90 000 millones de dólares al año.

El Índice de Percepción de la Corrupción (IPC) clasifica de 0 a 100 los niveles de calidad de los Estados, destacando por su alta calificación Seychelles (72), Cabo Verde (62), Botsuana (57), Ruanda (57), Namibia (49) y Costa de Marfil (45), mientras que encabezan la lista de los más corruptos: Somalia (11), Sudán del Sur (13), Burundi, Guinea Ecuatorial, RDC, Libia y Chad, todos ellos con 20 puntos.

La corrupción está muy relacionada con los sistemas autoritarios, a su máximo nivel, además de con el contagio de gestores-funcionarios de la administración pública, colaboradores necesarios de sus líderes y jefes. Se trata de una pandemia altamente contagiosa que nutre las extraordinarias riquezas de las élites africanas, a buen recaudo en los paraísos fiscales de todo el mundo.

Pese a diversas iniciativas para minimizar este estigma –Programa Internacional CoST, lanzado en 2012, Resolución del Parlamento Europeo sobre nieva estrategia UE-África de 2020, o el Curso Mundial para la Educación y el Empoderamiento de la Juventud contra la Corrupción (GRACE) y la Conferencia de los Estados Parte en la Convención de Naciones Unidas contra la Corrupción (2019), ambas a iniciativa de la ONU– el elevado nivel de corrupción en África no ofrece resultados mínimamente satisfactorios. Es algo que ha penetrado en la genética de muchos africanos y que será difícil de corregir.

6.2.3 La energía

Frente al reto que plantea la deuda para la mayor parte de los países africanos, la energía, y en particular la energía renovable, ofrece oportunidades muy prometedoras, tanto para el consumo doméstico, como para la exportación. Eso sí, para su desarrollo se requiere, además de la financiación adaptada a los proyectos, las infraestructuras necesarias para su construcción, distribución y desarrollo, y la «neutralidad» con otros sectores de la economía, en concreto, con los agricultores y ganaderos.

Se estima que África, al margen de los hidrocarburos de su subsuelo y de su entorno marino, cuenta con un potencial en energías limpias y renovables que representa un 12 % de las reservas mundiales de potencia hidroeléctrica, el 32 % de la energía solar y el 40 % de la eólica. En cuanto a la energía nuclear, Sudáfrica cuenta, desde 1984, con dos reactores (Koeberg, 1800 MW), y Egipto construye en Dabaa, una planta con cuatro reactores rusos. Kenia y China han firmado un acuerdo para impulsar la energía nuclear, y Nigeria, Ghana, Uganda y Tanzania se han mostrado dispuestas al desarrollo de esta energía.

Sin embargo, son las energías solar y eólica las que ofrecen un panorama más prometedor, dado el grado de insolación de buena parte del continente africano. Se calcula que para 2040, el 76 % de la energía producida en África provendrá de generación hidroeléctrica, eólica y solar.

Se estima, asimismo, que el desierto del Sáhara podría generar 22 000 Teravatios (TW)[130] de energía solar. Estas cifras contrastan con la situación actual de la penetración de la energía eléctrica, en la que unos 600 millones de subsaharianos (un tercio de la población africana) viven sin acceso a la electricidad.

Todo este inmenso potencial energético puede convertir a la zona septentrional africana, especialmente dotada de sol y vientos, en exportadora de energía limpia hacia Europa, necesitada de este tipo de energía, entre otras cosas, para los programas de producción de hidrógeno verde.

Los grandes ríos africanos (Níger, Congo, Nilo Blanco y Azul, Volta, Zambeze, Okavango, Senegal, etc.), y algunos lagos, están propiciando la construcción de presas gigantescas que, además de regular sus cauces y el riego de sus cuencas, cuentan con una importante capacidad de producción eléctrica. Es el caso de las presas Renacimiento, Gibe, Tkeze y Bujabali, en Etiopía; Asuán, en Egipto; Inga I, II y proyecto de la III, en la República Democrática del Congo; Cahora Bassa, en Mozambique; y Akosombo en Ghana,

---

130 Un teravatio = 1000 gigavatios = 10^6 megavatios = 10^9 kilovatios = 10^{12} vatios.

algunas de las cuales se encuentran entre las diez mayores presas del mundo. La potencia hidroeléctrica instalada en África asciende en la actualidad a 42 gigavatios, aproximadamente la cuarta parte de la potencia hidráulica de España.

Por lo que a los hidrocarburos se refiere, el cincuenta por ciento de la energía producida en el continente africano procede del gas y el petróleo. Sus reservas se estiman en un 10 % de las reservas mundiales. Las inversiones previstas en 2025 en el sector ascienden a unos 43 000 millones de dólares, en su práctica totalidad procedentes de compañías extranjeras.

Más de la mitad de los países africanos explotan el gas y/o el petróleo, destacando Argelia, Angola, Nigeria, Libia, Egipto, Sudán, Senegal o países del Golfo de Guinea, todos ellos integrados en la Organización Africana de Productores de Petróleo (APPO).

El petróleo, con algunas excepciones, se explota mayoritariamente por compañías extrajeras (Chevron, Shell, Total, BP, ENI, Exxon) junto a algunas compañías nacionales como Sonatrach, en Argelia, Ghana National Petroleum, Nigerian National Petroleum Corporation (NNPC), o Petrosen, en Senegal.

La producción de crudo del conjunto de África ha venido decreciendo en los últimos años, hasta una cifra actual de 7,23 millones de barriles diarios (Mbd),[131] de los cuales tan sólo se refinan en plantas africanas 1,83 millones de barriles diarios, es decir, que tres cuartas partes del crudo se exportan sin refinar. Es paradójico que, al igual que otros muchos países africanos, Nigeria, primer productor y exportador de crudo, tenga que importar buena parte de sus carburantes, lo que produce un efecto demoledor en su balanza comercial,

---

131 El primer productor mundial de petróleo es los Estados Unidos de América (17,7 Mbd), seguido por Arabia Saudita (12,1 Mbd) y Rusia (11,2 Mbd).

dada la diferencia de precios entre el bruto y los combustibles derivados de su refino.[132]

Gran parte de las refinerías africanas están paradas o funcionan con muy bajos rendimientos, exceptuando las de Argelia y Egipto, con cuatro y doce refinerías, respectivamente. Pese a estas circunstancias, la compañía Francesa Total está desarrollando tres proyectos de importancia. Construye en Uganda el oleoducto más largo del mundo, perfora en aguas de Namibia a 3000 metros de profundidad y desarrolla un proyecto de licuefacción de gas en Mozambique, lo que representa una inversión conjunta de 20 000 millones de dólares, la mayor inversión extranjera nunca hecha en África.[133]

Si pasamos del petróleo al gas natural, África posee el 9 % de las reservas mundiales, concentradas principalmente en Argelia, Nigeria, Libia y Egipto. Recientemente, van surgiendo nuevas explotaciones en el Indico (Mozambique y Tanzania) y en el Atlántico (Senegal y Mauritania). La compañía argelina Sonatrach suministra el 12 % de gas que se importa en Europa, en parte a través de dos gaseoductos con España –uno a través de Marruecos hacia Tarifa (Magreb Europa), hoy inoperativo, y el otro directo hacia Almería (Medgaz)–. Actualmente, se desarrolla un ambicioso proyecto de gaseoducto (de más de cuatro mil kilómetros) para hacer llegar el gas nigeriano a Europa (gaseoducto Trans-Sahariano) a través de Níger, Argelia y Túnez, hasta Italia, hacia Alemania.

Un caso singular, en lo que a gas se refiere, es el de Egipto. Deficitario en su producción respecto a sus necesidades, pese

---

132 Nigeria trata de corregir esta anomalía con la construcción de una mega-refinería (DANGOTE) capaz de refinar 650 000 barriles diarios de petróleo crudo.

133 *The Economist*, 11 de octubre de 2025.

a poseer y explotar el mayor yacimiento en sus aguas del Mediterráneo (Zhor), exporta e importa gas a y desde Israel, en este caso proveniente de sus explotaciones Leviatan y Tamar –esta última paralizada temporalmente por motivos de seguridad– lo que convierte a los dos estados en mutuamente dependientes.

En septiembre de 2025, a raíz de una caída en la producción egipcia de gas y el descenso de suministro israelita por el parón de Tamar, y ante la importancia estratégica que el gobierno egipcio confiere a esta fuente de energía, se ha firmado un contrato multimillonario de compra de gas por parte de la compañía egipcia Blue Ocean Energy y la mencionada compañía israelita Leviatan, que puede alcanzar los 35 000 millones de dólares hasta 2040. En las circunstancias de inestabilidad de la zona, derivadas de la guerra en Gaza, la opinión pública egipcia se ha mostrado muy crítica, habiendo llegado a calificarla como una operación humillante para el país. La transacción está condicionada a la construcción de un gaseoducto que conecte directamente la red del sur de Israel con Egipto.

Una vez más, en el caso de los hidrocarburos, como ocurre con multiplicidad de exportaciones africanas, además de no siempre beneficiar a las poblaciones de los países exportadores, se sitúan en la parte de menor interés de su cadena de valor y de su utilización como energías aplicadas a otros sectores industriales de mayor valor añadido. Eso sí, la variedad y capacidad energética de África es un sólido respaldo potencial para el desarrollo estructural del continente.

6.2.4 Epidemias y pandemias

En África, y en especial en su medio rural, se dan una serie de singularidades, propias de su subdesarrollo, que propician la generación y transmisión de enfermedades contagiosas en amplios sectores de su población. Muchas de estas enfermedades son endémicas, frente a las que aparecen con carácter epidémico.

La baja calidad habitacional, la frecuente contaminación de las aguas potables, la deficiencia preventiva mediante vacunaciones, el contacto con la fauna salvaje portadora de enfermedades contagiosas, la escasa o nula asistencia médica y hospitalaria de amplias regiones, la falta de tratamiento adecuado de las aguas residuales, o el clima húmedo y caluroso, son algunas de las causas que propician el origen y transmisión de enfermedades contagiosas en el continente africano, causantes de una elevada mortandad entre sus poblaciones, con frecuencia, en su sector más joven.

Las más frecuentes son el sida (Síndrome de Inmunodeficiencia Adquirida), VIH; la malaria, endémica en África, transmitida por el mosquito Anopheles –primera causa de muerte en la RDC y región de los grandes lagos Victoria, Tanganica y Malawi–; el paludismo; la enfermedad del sueño, causada por la picadura del mosquito tsé-tsé; el ébola, de rápida expansión tras su descubrimiento en 1976; el covid-19, para cuyo tratamiento escasearon las vacunas; la úlcera de Buruli, extremadamente peligrosa cuando se produce en determinadas zonas del cuerpo humano; el pian, bacteria muy similar a la de la sífilis, aunque no se transmite sexualmente; la propia sífilis, transmitida por las relaciones sexuales; las diarreas, en gran parte debidas a la contaminación del agua y algunos alimentos frescos; o el Mpox, de reciente aparición extendida posteriormente a más de quince países.

Se calcula que, en la zona subsahariana, la más proclive al desarrollo de estas enfermedades, mueren al año más de tres millones de personas, frente a la franja norte del continente, donde apenas superan los 60 000 muertos a causa de esas epidemias.[134] Sólo de malaria, en 2023, murieron en África 569 000 personas, de las que el 76 % eran niños. Otras 380 000 sucumbieron al sida. El 80 % de las muertes por diarreas de todo el mundo se registran en el continente africano, la mayor parte, igualmente niños.

El VIH fue detectado por primera vez en 1959, en Kinsasa, transmitido a los humanos por chimpancés de esa región, desde donde se propagó con rapidez en el sur y el sureste hasta convertirse en una pandemia que, en los años ochenta, infectaba a un 8,3 % de la población entre quince y veinticuatro años. En 2003, sólo en Sudáfrica, más de cinco millones de personas estaban infectadas de este virus.[135]

La insuficiente atención médica y la deficiencia de los servicios sanitarios, la dispersión de la población rural alejada de los centros de salud, la escasez de medicamentos y vacunas, la falta de establecimientos hospitalarios, la contaminación, las costumbres sexuales, entre otras causas, hacen que, pese a la ayuda económica y médica del exterior, las enfermedades mencionadas sigan siendo un flagelo en el África subsahariana, dificultando el desarrollo social y la calidad de vida, con derivadas negativas de todo tipo. El testimonio de algunos/as cirujanos/as, conocidos/as por el autor, que invierten sus vacaciones estivales en prestar servicios médicos, cirugía incluida, en países africanos, es sencillamente aterrador, sobre todo cuando se refieren al colectivo infantil y a las mujeres.

134 REID, Richard J. *A history of...*, op. cit. p. 341.
135 ILIFFE, John, *Historia de un continente...*, op. cit. p. 457.

7. EL FUTURO DE AFRICA EN LA GEOPOLÍTICA MUNDIAL

A pesar del manifiesto avance en las últimas décadas de algunas cifras macroeconómicas de los países africanos, los problemas y desafíos comentados anteriormente afectan a un amplio espectro de circunstancias, sociales, políticas y económicas, relacionadas entre sí y mutuamente condicionantes. Esas cifras macroeconómicas son significativas, pero no explican el progreso o el atraso, o no lo explican plenamente, de la evolución de una colectividad. Son, por decirlo de manera sintética, una condición necesaria, pero no suficiente, para ponderar el nivel de desarrollo y modernización de una sociedad. De ahí, que haya un cierto consenso entre los analistas en la necesidad de abandonar viejas políticas de ajustes, propias de organizaciones como el FMI o el BM, para acometer una «transformación estructural» plena y posibilista, que, teniendo en consideración todos los factores condicionantes, involucre a los diferentes estamentos de una sociedad, pues todos deben tener un rol en tan complejo proceso. Según Stiglitz,[136] las políticas de «ajuste estructural», del FMI, forzando la liberalización y la privatización, a menudo no habían generado crecimiento, sino, por el contrario, dificultades económicas, sobre todo sus políticas de contracción que forzaban a los países en vías de desarrollo a

---

136 STIGLITZ, Joseph E., *El precio de la desigualdad,* Debolsillo, 2024 (séptima impresión), p. 240.

recortar su gasto, para poder destinar más dinero a pagar sus deudas.

7.1 El cambio estructural

La transformación estructural es un fenómeno de adaptación a las circunstancias del desarrollo, en cada momento histórico, que Europa y Norteamérica registraron tras la Ilustración, en los siglos XIX y XX, de la misma forma que, con posterioridad, ciertos países orientales como Japón, Corea del Sur, Taiwán, India o China, han mutado de culturas milenarias y países sometidos a dominación occidental, a estados altamente industrializados, con elevados niveles de productividad y avance tecnológico.

En el proceso de la transformación estructural de un país, una serie de factores internos y externos pueden condicionar los efectos de la aplicación de las políticas desarrollistas, e incluso invalidar los efectos de algunas de ellas, por su incompatibilidad con retos de efecto contrario indebidamente atacados, lo que equivale a decir que el desarrollo es una combinación de factores de progreso, no solamente económicos, que deben actuar de consuno.

La escasa capacidad de gestión económica, la inestabilidad macroeconómica, la falta de planificación o de ejecución de lo planificado, la escasez de personal directivo capacitado, el mal funcionamiento de las instituciones, el retraso tecnológico o la inestabilidad política y la corrupción son algunos de los factores internos cuya influencia puede ser determinante, no sólo en la intensidad de la transformación, sino también en su ritmo de avance. A ello hay que añadir el desarrollo financiero y la sostenibilidad fiscal, la supervisión reglamentaria, la educación y la sanidad o las políticas sectoriales, en particular, la agrícola y la industrial. [137]

A su vez, el entorno geopolítico en que se sitúa el país en cuestión, puede, igualmente, condicionar todo el proceso, pudiendo llegar a retrasarlo o, incluso, a invalidarlo.

Con carácter general, el desarrollo del continente africano puede estar influido por una seria de parámetros de diversa naturaleza, que Lopes y Kararach[138] resumen en los siguientes:

a) El impacto negativo de los conflictos, en particular, los de origen religioso o étnico, tanto por la pérdida de oportunidades, cuanto por el rechazo que provocan en potenciales inversores. A ellos hay que añadir los tráficos ilegales, tanto de personas como de narcóticos, en manos de la delincuencia organizada ajena al control del Estado o explotada por él. En la actualidad, el Sahel y Nigeria son dos ejemplos paradigmáticos de este fenómeno.

b) La caída de los precios de las materias primas agrava la situación africana por su posicionamiento en el extremo inferior de la cadena de valor de sus exportaciones. En muchos de los productos exportados (café, cacao), sólo el 10 % del valor final de mercado corresponde a los productores.

c) La mayor parte del crecimiento reciente de África procede del consumo interno. La participación del comercio y de la inversión en el PIB es determinante, de ahí la importancia del desarrollo de iniciativas (aduaneras, fiscales, sanitarias, de transportes, etc.) que faciliten la fluidez y seguridad del comercio intracontinental.

d) El notable crecimiento de África en el presente siglo, no ha beneficiado a la mayoría de trabajadores, que siguen

---

137 LOPES, Carlos y KARARACH, George, *Cambio Estructural en África,* Catarata, Casa África, 2023, p. 44.

138 Ibíd., pp. 60 ss.

vinculados a la agricultura, a las actividades extractivas y al trabajo informal, manteniendo los altos niveles de pobreza, desprotección social y desigualdad. Hasta que no surja una clase media y un proletariado debidamente remunerado, con acceso a los servicios públicos básicos (educación, sanidad), con horizontes de progresar, no puede hablarse de desarrollo.

e) Por último, hay dos elementos referentes a la población africana a tener en cuenta: su juventud y su acelerado proceso de concentración en los centros urbanos. Ambos plantean nuevos retos y oportunidades que los Estados deben resolver y aprovechar. Hoy, África tiene la población más joven del mundo, enfrentándose a un porvenir dudoso, con frecuencia sin otra alternativa que la emigración.

f) A esta serie de condicionantes del desarrollo africano, habría que añadir la lista de desafíos estructurales, económicos, políticos, sociales, climáticos o sanitarios a que nos hemos referido anteriormente [supra 6.2].

El objetivo de la transformación estructural no es otro que la consecución de un desarrollo sostenible que beneficie a todos los estratos de la sociedad de un país, de forma duradera, permitiendo a los gobiernos aplicar de forma eficiente políticas de mejoras sociales, prestadas por los servicios públicos propios de un Estado moderno y progresista.

Hoy, en muchos países africanos, el contraste entre una minoría opulenta y mayorías sometidas a la pobreza absoluta y a la marginalidad, muestran cómo el progreso de sus cifras macroeconómicas, que no benefician sino a una minoría de privilegiados, conviven con mayorías desprovistas de servicios básicos, como la sanidad, la educación, o la renta mínima de supervivencia.

Para conseguir desarrollo y progreso, además del entorno sociopolítico adecuado, es preciso consolidar dos apoyos decisivos: la industria y el comercio. El germen del desarrollo industrial debe iniciarse con la elaboración de las materias primas que ofrece la minería o la agricultura, en particular, las destinadas a la exportación. Además de mejorar la posición en la cadena de valor de esos productos, puede actuar como elemento de atracción de otras actividades transformadoras o como participante en etapas posteriores de la mencionada cadena de valor. Asimismo, esas actividades requieren infraestructuras adecuadas de transporte, almacenamiento, instalaciones portuarias y sistemas aduaneros eficaces. Las diferentes organizaciones de libre comercio intracontinental, globales o regionales, han propiciado un significativo multiplicador a las importaciones y exportaciones africanas.[139] En particular, la AfCFTA, zona de libre comercio –firmada en marzo de 2018 por 54 países africanos que reúnen a 1300 millones de personas, a iniciativa de la UA–, canaliza el 16% de los intercambios del comercio continental, con un objetivo de alcanzar el 38% en 2030.

Los principales escollos con los que se enfrenta tan ambicioso proyecto van desde la deficiencia y escasez de las infraestructuras, hasta la desconfianza de algunos países más débiles que ven invadido su mercado por productos más baratos de otros países africanos, la crisis de la CEDEAO, o la falta de una moneda común que obliga a referencias permanentes al dólar o al euro. Pese a todo, el establecimiento por la UA de un Sistema Panafricano de Pagos y Liquidación (PAPSS), ha eliminado algunas de estas reticencias, en la

---

139 Entre las organizaciones más destacadas cabe mencionar:
-AfCFTA: Zona de Libre Comercio Continental Africana.
-CEDEAO: Comunidad de Estados de África Occidental.
-COME: Mercado Común de África Oriental y Meridional.
-UMA: Unión del Magreb Árabe.
-CEMAC: Comunidad Económica y Monetaria de África Central.
-SACU: Unión Aduanera de África Meridional.

medida en la que las liquidaciones se abonan en tiempo real y mediante conversión de monedas locales, sin necesidad de intermediarios extranjeros.[140]

7.2 Iniciativas de progreso y desarrollo. La Agenda 2063

La evidencia de una trayectoria poscolonial incapaz de resolver los atávicos problemas de sus poblaciones, y el fracaso de los programas de ajustes estructurales del FMI y del BM, además de tener que enfrentarse a nuevos desafíos de variada naturaleza, llevaron a los países de la UA a establecer un programa de transformación estructural, a desarrollar en un período de casi cinco décadas a partir de su signatura, en Addis Abeba, el 1 de enero de 2015, en concreto, hasta el año 2063.

Previamente, en 2015, la ONU estableció un plan de acción global para conseguir un mundo más justo, próspero y sostenible para todas las personas del planeta, para poner fin a la pobreza y al hambre, protegiendo al planeta de su degradación ambiental, luchando a la vez por que todos los seres humanos puedan disfrutar de una vida próspera y plena. La agenda concernía a 193 estados, incluyendo la mayoría de los africanos.

La amplitud y variedad de sus 17 objetivos son un buen índice de las carencias y deficiencias del subdesarrollo, obviamente necesitadas de programas de acción concretos, adaptados a las singularidades de los países a los que pudiesen afectar. En ese sentido, se trata más de un manifiesto general que de un programa preciso de actuación. Sus propios enunciados reflejan ese carácter, a saber: 1) fin de la pobreza;

---

140 NARANJO, José, «La zona de libre comercio africana da sus primeros pasos», *El País,* 1 de diciembre de 2024.

2) hambre cero; 3) salud y bienestar; 4) educación; 5) igualdad de género; 6) agua limpia y saneamiento; 7) energía asequible y no contaminante; 8) trabajo digno y crecimiento económico; 9) industria, innovación e infraestructuras; 10) reducción de desigualdades; 11) ciudades y comunidades sostenibles; 12) producción y consumo responsables; 13) acción por el clima; 14) protección de la vida submarina; 15) vida de ecosistemas terrestres; 16) paz, justicia e instituciones sólidas; y 17) alianzas para lograr objetivos.

Por el contrario, la agenda 2063 se trata de un programa muy ambicioso en sus objetivos y aplicable a aspectos muy variados de la evolución de los países, incluida su integración continental –federal o confederal–, de tal forma que su lectura suscita dudas respecto a su viabilidad.

La Agenda parte de una previsión del crecimiento demográfico africano que puede alcanzar un total de 2100 millones de habitantes en 2034, de los que el 50% residiría en ciudades, frente al 39% actual, lo que supone un desafío, tanto en los servicios y suministros requeridos por las ciudades, como una oportunidad de avanzar en los niveles de educación superior, hoy por hoy, los más bajos del mundo (7,7% vs. 27% del resto del mundo)

Las aspiraciones generales de la Agenda 2063 –dentro de las cuales se incluyen múltiples programas y sus prioridades–, pueden resumirse en:

1ª, prosperidad de África, basada en crecimiento y desarrollo sostenible.

2ª, un continente integrado y unido basado en ideales del panafricanismo.

3ª, democracia, buena gobernanza, respeto de los Derechos Humanos y Estado de Derecho.

4ª, África en paz y seguridad. Fin de guerras étnicas, religiosas, etc.

5ª, África con una sólida identidad cultural, ética y valores.

6ª, desarrollo humano, en particular, enfocado a jóvenes y mujeres.

7ª, convertir África en un *partner* global, potente e influyente.

8ª, mejora y creación de infraestructuras, en pro de la comunicación fluida entre los Estados y/o en su interior

Si pasamos de las aspiraciones globales a algunos de los programas concretos, se puede apreciar lo ambicioso del plan.

Se plantea un crecimiento anual del PIB del 7%; una reducción del desempleo rural del 50% para 2030; quintuplicar el PIB per cápita; pasar del 10,1% del comercio intraafricano al 60% en 2063; procesamiento local del 90% de las cosechas de bienes exportables y sustitución del 70% de los alimentos importados; la igualdad de derechos económicos para las mujeres y a su participación del 50% en el gobierno y sector privado; o la participación de África del 15% en el PIB global y del 10% en el comercio total.

Los catorce proyectos que componen el esqueleto de los ambiciosos objetivos del plan se concretan en diversos sectores de la economía y la sociedad africana con una clara vocación de transformación y progreso, a saber:

1. Red de trenes de alta velocidad.

2. Transformación económica mediante la utilización de sus propios recursos.

3. Creación de un área continental de libre comercio.

4. Libre circulación de personas mediante pasaporte de la UA, sin visados.

5. Finalización de guerras y conflictos de todo tipo.

6. Construcción de la tercera presa de Inga (en RDC).

7. Mercado único africano de transporte aéreo.

8. Foro Económico Africano anual.

9. Instituciones financieras: Bolsa de Valores Panafricana, Banco Africano de Inversiones, Fondo Monetario Africano, Banco Central Africano.

10. Red Panafricana de datos digitales y servicios en línea.

11. Estrategia conjunta de tecnología espacial.

12. Establecimiento de Universidad Africana abierta, digital y de enseñanza a distancia.

13. Cooperación en ciberseguridad.

14. Compilación histórica en una Enciclopedia Africana.

A la vista de este apretado resumen, queda claro la toma de conciencia africana de la necesidad de una ambiciosa mutación integral, en favor de un desarrollo sostenible y global, que rompa con la tradición de sometimiento, dependencia, pobreza y marginalidad del continente. Eso sí, alcanzar la mayor parte de esos objetivos, exigirá de toda la sociedad africana esfuerzos ciclópeos. Obviamente, casi nada de este planteamiento desarrollista puede lograrse sin una adecuada gobernanza política y una estabilidad social, problemas de los que adolece una parte significativa del continente africano.

Recientemente, en julio de 2025, se ha celebrado en Sevilla la cuarta Cumbre Internacional para la Financiación del Desarrollo (FFD4), donde ha destacado negativamente la ausencia del presidente Trump, además de su anterior decisión de cancelar los fondos de las ayudas de la agencia norteamericana USAID, que al comienzo de su segundo mandato gestionaba más de 6000 programas por un importe de 120 000 millones de dólares, habiéndose reducido, cinco meses después, un 42 % de ese importe. La Agencia ha sido suprimida, bajo el principio trumpista «que son el comercio y las inversiones los favorecen el desarrollo, además de beneficiar a las empresas norteamericanas», habiendo quedado en vigor únicamente el programa de lucha contra el VIH. El impacto en África de esta reducción es muy significativo, ya que el 33 % de toda la ayuda que recibe el continente procede de la agencia norteamericana. Desde 1991, África ha recibido de la agencia unos 165 000 millones de dólares. Entre los países más afectados se encuentran Etiopía, Nigeria, Uganda, Kenia, y, sobre todo, Sudán del Sur, donde la guerra provoca desnutrición severa en un 57 % de la población, y una situación crítica con los 200 000 desplazados.[141]

El «Compromiso de Sevilla» apuesta por el multilateralismo, enfatiza la importancia de los objetivos marcados para 2030, siempre que se pueda contar con una financiación estimada en 4 billones de dólares anuales, y se recuperen las caídas de ayudas del 0,7 % del PIB anual en países que la han reducido (USA, Francia, Gran Bretaña o Alemania, entre otros). Asimismo, se resalta la importancia de la participación del sector privado en la consecución de un desarrollo sostenible. Por su parte, los países deudores, y los africanos en particular, han logrado, frente a las reticencias de los países ricos, una negociación multilateral en el ámbito de Naciones Unidas, novedad que ha quedado un tanto ambigua en el comunicado final de la Cumbre.

No puede decirse que los resultados de la Cumbre hayan sido destacados, habiendo sido calificada por algunos participantes como «una victoria de la palabra», sin grandes aportaciones a los problemas de la financiación del desarrollo.

Las iniciativas internacionales en favor del desarrollo sostenible de África, no por bien intencionadas, han conseguido

---

141 *Le Monde*, 22 de julio de 2025.

resultados significativos en la mayoría de los estados concernidos, dejando claro que el desarrollo es un concepto condicionado por muy variadas componentes, generalmente muy resistentes al cambio. Por otro lado, la mayoría de estas iniciativas proceden de organismos internacionales, carentes de «vis coactiva» para imponer los cambios necesarios, no sólo económicos, con frecuencia rechazados por los estados o comunidades destinatarios, por el hecho de venir «de afuera» y no contar con gobiernos conscientes de los esfuerzos, físicos, económicos y culturales, requeridos en la transformación de sus comunidades. En alguna medida, esta resistencia a las iniciativas procedentes «de otros» puede estar influida por las experiencias coloniales y postcoloniales y su complejo de sometimiento. A ello hay que añadir la posible carencia de conocimiento de cada realidad o de legitimidad por parte de los «outsiders».[142]

Las iniciativas son muy importantes. Vinculan a muchos estados desarrollados e implican apoyos financieros y técnicos. Sin embargo, el tránsito del establecimiento de un programa a su puesta en práctica se demuestra extremadamente complejo, muy condicionado por circunstancias locales, incluidas las actitudes y corruptelas de sus gobernantes, que restan eficacia a esos programas, y hasta pueden agudizar los problemas a cuya solución estaban destinados.

---

142 YOUNG, Tom, *We need…*, op. cit. p. 193.

8. CONCLUSIONES

Es incuestionable que un continente de la dimensión de África, con una población de más de 1500 millones de habitantes y un elevado índice de crecimiento, con abundancia de recursos naturales de toda índole, en un mundo de intensa interacción e información, y con una larga experiencia colonial (que le ha permitido conocer lo mejor y lo peor del mundo desarrollado), pueda seguir funcionando como elemento pasivo en la geopolítica mundial.

África, los africanos, necesitan eliminar la impresión generalizada de que, tras una época en que del exterior no llegaron sino problemas, las soluciones deben venir igualmente de fuera, aunque debe encontrar el ambiente propicio para su puesta en práctica en los países destinatarios. Sus gobiernos y su sociedad, en general, deben asumir que la búsqueda y aplicación de las soluciones exitosas frente a los desafíos a los que se enfrentan, es una responsabilidad indelegable, endógena, si bien, la ayuda, la cooperación y las inversiones exteriores, que faciliten esa mutación, pueden ayudar a catalizar los procesos, siempre que se evite regresar a modelos de neocolonialismo, liderado, esta vez, por potencias hegemónicas como USA, India, Rusia o China.

En estas circunstancias, la gran pregunta sobre el papel de África en el futuro, su capacidad de abandono de su atávica dependencia de potencias extranjeras y su transformación en un conjunto productivo independiente y autónomo, capaz de competir con el resto del mundo, así como dotar a su población de niveles de vida equiparables al del mundo moderno, no es fácil de contestar. Además, ni la dimensión de África, ni la diversidad de sus componentes permiten una respuesta simple, generalizable a nivel continental.

Otras regiones y continentes del mundo han pasado en el último siglo de situaciones de dependencia, atraso e insignificancia, a posiciones de integración en el desarrollo y en la modernidad y, en algunos casos, al liderazgo de la geopolítica mundial. La clave está en el desarrollo, entendido en el sentido más amplio y profundo de la palabra, como desarrollo estructural, en la economía, la tecnología, la ciencia, la política y la sociología. En fin, una transformación integral.

Como es obvio, una mutación de esta profundidad, ni es sencilla, ni es inmediata, ni está libre de serias dificultades de todo orden.

Una primera dificultad estriba en la inexistencia –por el momento– de lo que podemos denominar «países locomotora», inductores de avances en la ciencia, la tecnología y la industria, como pudo ser Inglaterra en la Revolución Industrial del siglo XIX, Estados Unidos en el impulso tecnológico e industrial del siglo XX, o países orientales como Japón, China o Corea del Sur, tras la Segunda Guerra Mundial. En todas estas fases de la economía mundial, ese progreso de terceros se ha apoyado, al menos en parte, en el saqueo de los recursos africanos, sin que África se haya beneficiado, habiendo perdido oportunidades históricas de homologación con el resto del mundo.

Hoy, entre los mayores países africanos, o los más avanzados, no se perfila ninguno que, a corto plazo, pueda ejercer ese papel catalizador o de arrastre del desarrollo del resto. Países como Sudáfrica o Egipto posen dimensión y estructura económica y social de cierto nivel, pese a los HH. MM. de Egipto. Otros, como Angola, Nigeria o Argelia, cuentan con recursos energéticos en abundancia y poblaciones numerosas

–en el caso de Nigeria por encima de los 200 millones de habitantes–. El caso de Botswana resulta modélico, aunque poco representativo, dado su tamaño. Ninguno de ellos, por el momento, pueden considerarse como líderes destacados del desarrollo, capaces de provocar el «efecto contagio» que arrastre a otros países de su entorno.

A ello se une la ausencia de líderes –como algunos de los citados en el texto– con visión, empatía y capacidad de acción, que lideren las revoluciones pacíficas en favor del progreso, la modernidad y la estabilidad democrática. Entre los mandatarios de los países africanos, en la actualidad, no se perfilan personajes de la categoría, convicción y capacidad de gestión de aquellos que lideraron la independencia o la estructuración de algunos de esos estados.

Los desafíos a los que se enfrenta África (corrupción, guerras, pandemias, clientelismo, explotación propia de sus recursos naturales, inestabilidad política, yihadismo, etc.) no auguran un futuro inmediato halagüeño.

África, hasta la actualidad, ha perdido todos los trenes que la Historia ha ofrecido y que otros países o continentes, bien por haberlos creado o por haber sabido subirse a tiempo, han aprovechado para alcanzar elevados niveles de desarrollo y bienestar. Con frecuencia, el saqueo y la explotación de las riquezas africanas del último siglo y medio han servido de base o de catalizador de ese progreso de terceros.

La visión de algunos analistas no despeja las dudas sobre el futuro africano y su papel como variable independiente de la ecuación geopolítica. A fuer de realistas, la visión de Niang nos parece bastante acertada cuando declara que «los africanos saben demasiado bien que el compromiso estadounidense en el continente rara vez ha consistido en liberar a los pueblos o construir naciones», y añade: «El potencial de África para dirigir el curso de la historia mundial está estrictamente limitado a las condiciones de acceso abierto a sus recursos que impulsarán la economía futura». Los actores africanos son tratados por actores externos –China, Rusia– o grupos militares privados –Wagner, reduciendo a África a un mero escenario de explotación–.[143]

¿Cuál es la diferencia entre la parte del mundo que avanza y la que se estanca en su subdesarrollo? En nuestra opinión, sólo hay una diferencia fundamental: el capital humano. Como acertadamente señalan Lopes y Kararach,[144] la ciencia, la industria, la tecnología, la sanidad, la cultura, la convivencia y la adecuada estructuración y organización de las sociedades, son avances movidos y sostenidos por seres humanos, capaces de progresar en todos esos órdenes y de poner de acuerdo a los pueblos para «remar en la misma dirección», si bien es cierto que las confrontaciones entre comunidades demuestran que el flagelo de la guerra es consustancial a la humanidad.

En África, ese capital humano, esa sociedad, ha vivido anclada en el pasado, sometida a sus colonizadores, sin que éstos hayan sido capaces de transmitirles el espíritu, los medios y las estructuras para producir mejoras sustanciales en favor de su desarrollo endógeno. Ni las ayudas de organizaciones internacionales, ni muchas de las inversiones extranjeras pasan de generar enriquecimientos de pequeñas minorías, sin que sus potenciales efectos beneficiosos alcancen a la mayoría de la población y sí a las cuentas de los

---

143 NIANG, Amy, «África y el orden geopolítico emergente tras la guerra de Ucrania», FUNDACIÓN ALTERNATIVAS, *Informe África 2023, África en el nuevo escenario geopolítico,* pp. 11-115.

144 LOPES, Carlos y CARARACH, George, Cambio Estructural…, op. cit., p. 50, «Los países africanos… tienen que crear una población altamente educada, sana y competente, capaz de integrar la tecnología y construir las infraestructuras necesarias, que son requisitos necesarios para el progreso».

potentados locales en los paraísos fiscales del mundo exterior.

China, India, Vietnam, Taiwán, Corea del Sur y, por supuesto, Japón son países que, en pocas décadas, se han organizado económica y socialmente para poder competir con las potencias más desarrolladas del mundo, incluidos terrenos de la tecnología más avanzada, si bien, en su estructura social y política, algunos de ellos continúan con modelos lejanos a la democracia y el imperio de la ley. Eso sí, han conseguido que el eje de la geopolítica mundial que, en su día, pasó del Mediterráneo al Océano Atlántico, hoy se sitúe en la región del Indo-Pacífico.

El gran reto de muchos países africanos es convertirse en estados homologables, con sociedades adecuadamente estructuradas, con economías diversificadas y prósperas, para lo cual es condición necesaria, aunque no suficiente, una mutación total de la situación de sus poblaciones, en particular las menos favorecidas. Los programas globales para África, a que nos hemos referido en este trabajo, son ambiciosos y bien estructurados. Sólo la actitud que adopte el mundo exterior y la asunción como meta propia, endógena, de los políticos y de la sociedad de cada país, permitirán a África «pasar de las musas al teatro».

ABREVIATURAS Y ACRÓNIMOS

ABAKO: Alianza de los Bakongo (Congo)

a. C.: antes de Cristo

ACNUR: Agencia de la ONU para los Refugiados

ACRF: African Crisis Response Force

ACRI: African Crisis Responsie Iniciative

ADC: Alianza Democrática para el Cambio (Mali)

AEF: África Ecuatorial Francesa

AES: Alianza de Estados del Sahel (Mali, Burkina Faso y Níger)

AfCFTA: Zona de Libre Comercio Continental Africana

AFDL: Alianza de las Fuerzas Democráticas para la Liberación del Congo

AFRICOM: U. S. Africa Comand

AGI: Acuerdo Global Inclusivo

AGOA: African Growth and Opportunity Act

AIA: África Internacional Africana

AMISOM: Misión de la Unión Africana en Somalia

ANC: Congreso Nacional Africano de Rodesia del Norte

ANC: Congreso Nacional Africano (Sudáfrica)

AOF: África Occidental Francesa

AOI: África Occidental Italiana

APPO: Organización Africana de Productores de Petróleo

APSA: Arquitectura de Paz y Seguridad de África

AQMI: Al Qaeda en el Magreb Islámico

ATNMC: Alianza Tuareg en el Norte de Mali para el Cambio

AUTUC: Centro de Lucha Contra el Terrorismo en la Unión Africana

BEAC: Banco de los Estados de África Central

BAD: Banco Africano de Desarrollo

BCID: Banco Confederal de Inversión y Desarrollo

BDP: Partido Democrático de Botswana

BM: Banco Mundial

BNP: Frente Nacional de Botswana

CAO: Comunidad de África Oriental

CEA: Comunidad Económica Africana

CEDEAO: Comunidad Económica de Estados de África Occidental

CEEAC: Comunidad Económica de los Estados de África Central

CEHC: Comité del Estado del Alto Congo

CEMAC: Comunidad Económica y Monetaria de África Central

CER: Comunidades Económicas Regionales

CESCE: Compañía española de Crédito a la Exportación

CICR: Comité Internacional de la Cruz Roja

CMA: Coordinación del Movimiento de Azawad

CNA: Congreso Nacional Africano (Sudáfrica)

COMESA: Mercado Común de África Meridional y Oriental

CONSATU: Congreso de Sindicatos Sudafricanos

CPP: Partido de la Convención Popular

CPS: Consejo de Paz y Seguridad (de la UA)

DSSI: Iniciativa de Suspensión del Servicio de la Deuda

EDF: Fuerzas de Defensa de Defensa de Eritrea

EI: Estado Islámico

EIGS: Estado Islámico en el Gran Sahara

ELN: Ejército de Liberación Nacional (Marruecos)

ENA: Estrella Norteafricana

EPRDF: Frente Democrático Revolucionario del Pueblo Etíope

EUCAP: Misión de Capacitación de la Unión Europea

EUTM: Misión de Entrenamiento de la UE en Mali

FACT: Frente para la Alternancia y la Concordia de Chad

FAMA: Fuerzas Armadas de Mali

FAO: Organización de Naciones Unidas para la Agricultura y la Alimentación

FAR: Fuerzas de Apoyo Rápido (Sudán)

FAS: Fuerzas Armadas de Sudán

FIS: Frente Islámico de Salvación (Argelia)

FLE: Frente de Liberación de Eritrea

FLM: Frente de liberación de Macina

FLN: Frente de Liberación Nacional (Argelia)

FMI: Fondo Monetario Internacional

FNLA: Frente Nacional de Liberación de Angola

FOCAC: Foro de Cooperación Económica África-China

FPLE: Frente Popular de Liberación de Eritrea

FPLT: Frente Popular de Liberación de Tigray (Etiopía)

FRELIMO: Frente de Liberación de Mozambique

FROLINAT: Fondo Nacional de Liberación del Chad

FRP: Frente Patriótico Ruandés

GIA: Grupo Islámico Armado (Argelia)

G5SAHEL: Grupo 5 Sahel (Chad, Mali, Burquina Faso, Níger y Mauritania)

GESIM: Grupo de Apoyo al Islam y a los Musulmanes

GSPC: Grupo Salafista para la Predicación y el Combate

GTI: Índice de Terrorismo Global

GUNT: Gobierno de Transición para la Unidad Nacional (Chad)

HH. MM.: Hermanos Musulmanes

IADM: Iniciativa de Alivio de Deuda Multilateral

IIGM: Segunda Guerra Mundial

ISSP: Estado Islámico Provincia del Sahel

ISWAP: Estado Islámico de África Occidental (Franquicia del EI)

JNIM: Grupo de Apoyo al Islam y a los Musulmanes (Franquicia de Al Qaeda)

KANU: Kenia Afican Natonal Union

KCA: Asociación Central Kikuyu

MINUSCA: Misión de la ONU para la estabilización en República Centroafricana

MINUSMA: Misión Multidimensional Integrada de Estabilización de las Naciones Unidas en Mali

MNJTF: Fuerza Multinacional de Intervención Conjunta

MNLA: Movimiento Nacional para la Liberación de Azawad

MONUA: Misión de observación de Naciones Unidas para Angola

MONUC: Misión de Naciones Unidas en la República Democrática del Congo

MPLA: Movimiento Popular para la Liberación de Angola

MPLA: Movimiento Popular para la Liberación de Azawad (Mali)

MPR: Movimiento Popular de la Revolución (Zaire)

MSF: Médicos Sin Fronteras

MTLD: Movimiento por el Triunfo de las Libertades Democráticas (Argelia)

MUYAO: Movimiento para la Unidad y la Yihad en África Occidental

NDP: Partido Nacional Democrático (Egipto)

NEPAD: Nuevo Partenariado Para el Desarrollo Durable

NNPC: Nigerian National Petroleum Company

OCAM: Organización Común Africana y Malgache

OCHA: Oficina de la ONU para Asuntos Humanitarios

OIM: Organización Internacional para las Migraciones

OLA: Ejército de Liberación Oromo (Etiopía)

OUA: Organización para la Unidad Africana

PAE: Plan de Ajuste Estructural

PAPSS: Sistema Panafricano de Pagos y Liquidación

PDRE: República Democrática Popular de Etiopía

PDP: Partido Democrático Popular (Nigeria)

PIDE: Policía Internacional y de Defensa del Estado (Portugal)

POLISARIO: Frente Popular de Liberación de Saguía el Hamra y Río de Oro

PPME: Países Pobres Muy Endeudados

PND: Partido Nacional Democrático (Egipto)

PPME: Iniciativa para Países Pobres Muy Endeudados

PPP: Partido Popular de Argelia

PRP: Partido de la Revolución Popular (Zaire)

PSI: Iniciativa Pan-Sahel

RASD: República Árabe Saharaui Democrática

RCD: Agrupación Constitucional Democrática (Túnez)

RDC: República Democrática del Congo

RSF: Fuerzas de Apoyo Rápido (Sudán)

RUF: Frente Unido Revolucionario

SADC: Comunidad de Desarrollo de África Austral

SAP: South African Party

SOLE: Robert, *Sadate,* Ed. Tempus-Perrin, 2015

SRAE: Servicio Reforzado de Ajuste Estructural

SWAPO de Namibia: Organización del Pueblo Africano del Sur de Namibia

TANU: Unión Africana de Tanganika

TDF: Fuerzas de Defensa Tigray

TPFL: Frente de Liberación Popular de Tigray (Etiopía)

TSCTI: Trans Sahara Counterterrorism Initiative

TSCTP: Trans-Saharian Counter-Terrorism Partnership

UA: Unión Africana

UDF: Frente Democrático Unido (Sudáfrica)

UEMAO: Unión Económica y Monetaria de África Occidental

UGTAN: Unión General de Trabajadores de África Negra

UMA: Unión del Magreb Árabe

UNIR: Unión Nacional para la Independencia y la Revolución (Chad)

UNITA: Unión Nacional para la Total Independencia de Angola

UNMISS: Misión de la ONU en Sudán del Sur

UNOMOZ: Operación de Naciones Unidas en Mozambique

UNSMIL: Misión de Apoyo de Naciones Unidas en Libia

USAFRICOM: Comando África de USA

VDP: Voluntarios para la Defensa de la Patria

WSLF: Frente de Liberación de Somalia Occidental

ZANC: Congreso Nacional Africano Zambiano

ZAPU: Zimbabwe African People's Union

ZLEC: Zona de Libre Cambio Africana

ANEXO I

PAÍSES DE ÁFRICA [145]

	Población (mill. de habitantes)	PIB (mil. mill. $)	PIB/p.c. ($)	Año de independencia
ANGOLA (Luanda)	35,6	80,4	2122	1975
ARGELIA (Argel)	44,9	263,6	5631	1962
BENIN(Porto Novo)	14,4	21,4	1484	1960
BOTSWANA (Gaborone)	2,6	19,4	7695	1966
BURKINA FASO (Uagadugú)	22,7	23,50	987	1960
BURUNDI (Bujumbura)	12,9	4,4	836	1962
CABO VERDE (Praia)	0,6	2,3	3754	1975
CAMERÚN (Yaundé)	27,9	51,8	1763	1960
CHAD (Yamena)	17,7	20,7	1016	1960
COMORAS (Moroni)	0,9	1,3	1485	1975

---

145 Datos del Banco Mundial, 2024.

CONGO (REP. DEM.) (Kinshasa)	99,1	124,2	647	1960
CONGO (REP. del) (Brazzaville)	5,9	15,7	654	1960
COSTA DE MARFIL (Yamusukro)	28,2	86,5	2706	1960
DJIBUTI (Djibuti)	1,2	4,1	3496	1977
EGIPTO (El Cairo)	111,0	389,8	4291	1922
ERITREA (Asmara)	3,7	2,1	688	1993
ESWATINI (Mbabane)	1,2	4,8	3338	1968
ETIOPÍA (Adís Abeba)	123,4	176,7	1046	1941
GABÓN (Libreville)	2,4	21,1	983	1960
GAMBIA (Banhul)	2,7	2,5	908	1965
GHANA (Acra)	33,5	82,8	2405	1957
GUINEA (Conakry)	13,8	25,3	1515	1958
GUINEA ECUATO-RIAL (Bata)	1,7	12,7	6475	1958
GINEA BIS-SAU (Bissau)	2,1	2,1	963	1974

KENYA (Nairobi)	54,1	124,4	2206	1963
LESOTHO (Maseru)	2,3	2,5	970	1966
LIBERIA (Monrovia)	5,3	4,7	846	1847
LIBIA (Trípoli)	6,8	46,8	6316	1951
MADAGAS- CAR (Antananarivo)	29,6	17,4	546	1960
MALAWI (Lilongüe)	20,4	11,0	508	1964
MALI (Bamako)	22,6	26,6	1086	1960
MARRUE- COS (Rabat)	37,4	154,4	3992	1956
MAURICIO (Port Louis)	1,2	12,9	10 256	1968
MAURITA- NIA (Nuakchot)	4,7	10,8	2082	1960
MOZAMBI- QUE (Maputo)	32,9	22,4	648	1975
NAMIBIA (Windhoek)	2,6	13,9	7731	1990
NÍGER (Niamey)	26,2	19,5	722	1960
NIGERIA (Lagos)	232,7	187,7	806	1960
R. C. A. (Bangui)	5,6	2,8	517	1960

RWANDA (Kigali)	14,6	1343	999	1962
STO. TOMÉ y PÍNCIPE (Santo Tomé)	0,3	0,5	2386	1975
SENEGAL (Dakar)	17,3	33,2	1744	1960
SEYCHE-LLES (Victoria)	0,1	1,6	13250	1976
SIERRA LEONA (Free Town)	8,6	7,4	476	1951
SOMALIA (Mogadiscio)	17,6	12,1	637	1960
SUDÁFRICA (Pretoria)	59,9	405,3	6253	1956
SUDÁN (Jartum)	50,1	49,9	989	1956
SUDÁN DEL SUR (Yuba)	12,1	11,9	1080	2011
TANZANIA (Dodoma)	65,5	78,7	1185	1963
TOGO (Lomé)	8,5	9,9	973	1960
TÚNEZ (Túnez)	12,4	534	3747	1956
UGANDA (Kampala)	47,2	53,5	1022	1966
ZAMBIA (Lusaka)	20,1	26,7	1235	1964
ZIMBABWE (Harare)	16,3	44,1	2657	1980

ANEXO II

Mapa político de África

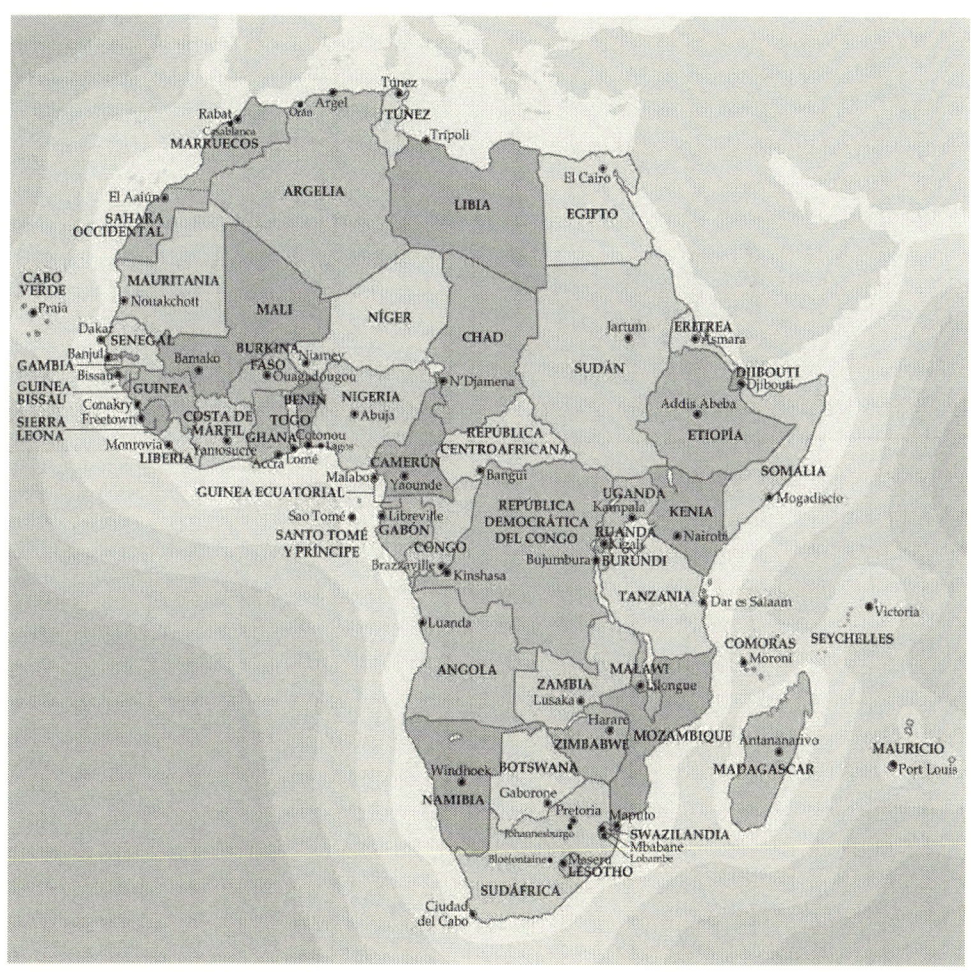

BIBLIOGRAFÍA

ÁLVAREZ COBELAS, Juan Ramón, *La geopolítica en el Sahel y en el golfo de Guinea*

ÁLVAREZ OSSORIO, *Ignacio, La primavera árabe revisitada: reconfiguración del autoritarismo y recomposición del islamismo*, Aranzadi, 2015.

AMIN, Samir, «Preface», en JAFFE, Hosea, *A History of Africa,* Zed Books, 2017.

ANNAM, Kofi, *Rapport sur les causes des conflits en Afrique et leurs remèdes potentiels,* Naciones Unidas, abril 1998.

BEDJAOUI, Mohammed, *La Guerra de Argelia, una revolución a la altura del ser humano,* Tirant Humanidades, Valencia, 2019.

CABANELLAS, Guillermo, *Esclavos (Notas sobre África Negra),* Cuadernos de Cultura, 1933.

CAÑO, Antonio, *El monstruo español: Francisco Macías y el final de la aventura colonial española,* La Esfera de los Libros, 2025.

CAPARRÓS, Martín, *Ñamérica,* Random House, 2021.

CEAMANOS, Roberto, *El reparto de África. De la Conferencia de Berlín a los conflictos actuales,* Catarata Casa de África, 4ª ed., 2024.

CÉLINE, Louis-Ferdinand, *Voyage au bout de la nuit,* Gallimard, París, 1972.

CHAVES NOGALES, Manuel, *Ifni, la última aventura colonial española,* Almuzara, 2012.

CHRÉTIEN, Jean-Pierre, *L'Afrique des Grands Lacs. Deux mille ans d'hitoire,* Flamarion, París, 2000.

CHURCHILL, Winston, *The Boer war,* London, Pimlico, 2002.

-*Mi viaje por África,* Ediciones del Viento, La Coruña, 2004.

CICR: Comité Internacional de la Cruz Roja.

CONRAD, Joseph, *El corazón de las tinieblas,* Alianza, Madrid, 2000.

COOPER, Frederick, *Historia de África desde 1940. El pasado y el presente,* Ed. Rialp, Madrid, 2020.

CORNEVIN, Robert, *L'Afrique noire de 1919 à nos jours,* PUF, París, 1973.

DÍEZ ALCALDE y VACAS FERNÁNDEZZ, F. *Los conflictos de Sudán,* Ministerio de Defensa. Instituto de Estudios Europeos Francisco de Vitoria, 2008.

DUFUMIER, Marc, *Agriculturas africanas y mercado mundial,* Universidad Politécnica de Valencia GIA.

FERRO, Marc, *Histoire des colonisations. Des conquêtes aux indépendances XIII-XX Siècle,* Seuil, París, 1994.

FORBATH, Peter, *El río Congo. Descubrimiento, exploración y explotación del río más dramático de la Tierra,* Turner-Fondo de Cultura Económica, Madrid, 1997.

FUNDACIÓN ALTERNATIVAS, *Informe África 2023. África en el nuevo escenario geopolítico,* Informe nº 04/2023.

GOLDSWORTHY, Adrian, *La Guerras Púnicas,* Ariel, 2002.

GONZÁLEZ NÚÑEZ, Juan, *Las religiones tradicionales africanas y su vigencia,* Ed. SM, 1996.

GPRA: Gobierno Provisional de la República Argelina.

GRIMAL, Nicolás, *Historia del antiguo Egipto,* AKAL Ediciones, 1996.

HOCHSCHILD, Adam, *El fantasma del rey Leopoldo,* Península, 2002.

ILIFFE, John, África. *Historia de un continente*, Akal, 2013.

INSTITUTO TRICONTINENTAL DE INVESTIGACIÓN SOCIAL, Dossier 63, «Vida o deuda. El yugo del colonialismo y la búsqueda de África por alternativas», abril 2023.

JAFFE, Hosea, *A History of Africa,* Zed Books, Londres, 2017.

KASTER, H. L., *El Mundo del Islam,* Ed. Labor, 1965.

KI-ZÉRBO, J., *Historia de África de los orígenes a la independencia,* Alianza, Madrid, 1980.

KINDER, H., HILGEMANN, W., HERGT, M., *Atlas histórico Mundial,* Akal, 2007.

LAMPRIDO-KREMOU, A., «Egipto: la revolución inconclusa», en GUTIÉRREZ TERÁN I. y ÁLVAREZ OSSORIO I. (Eds.), *Informe sobre las Revueltas Árabes,* Eds. De Oriente y el Mediterráneo, Madrid, 2011.

LE GOURRIELLEC, Sonia, *Géopolitique de l'Afrique,* ¿Que sais-je?, 2024.

LOPES, Carlos y KARARACH, George, *Cambio estructural en África,* Catarata/Casa África, 2023.

LÓPEZ GARRIDO, Diego, «África entre la desigualdad y el progreso», en *Informe África 2023,* Fundación Alternativas, nº 4/2023.

LOZANO ALONSO, Mario, *Historia de Etiopía,* Catarata Casa África, 2022.

MBA ABESO, *Quo vadis Africa,* Luanda, 2010.

MADARIAGA (DE), María Rosa, *Abd-el-Krim EL JATABI, La lucha por la independencia,* Alianza, Madrid, 2009.
-*España y el Rif. Crónica de una historia casi olvidada,* La Biblioteca de Melilla (3ª ed.), 2008.

MESA, Beatriz, *El fracaso de Occidente en África,* Ed. Almuzara, 2024.
-*Los grupos armados del Sahel,* Catarata, Casa de África, 2022.

MINTER, William, «Política exterior de EEUU en África», Foreign Policy in Focus, marzo0 de 1997.

MORALES LEZCANO, V., *Historia de Marruecos. De los orígenes tribales y poblaciones nómadas a la independencia y la monarquía actúa,* La Esfera de los Libros, Madrid, 2006.

MUÑOZ LORENTE, Gerardo, *El Sahel. El nuevo escenario de la geopolítica mundial,* Ed. Almuzara, 2024.

NAÏR, Sami, *La lección tunecina,* Galaxia Gutemberg, 2011.

NARANJO, José, «La zona de libre comercio africana da sus primeros pasos», *El País,* 1 de diciembre 2024.

NDAYWEL È NZIEM, Isidore, *Historia del Congo,* Catarata, Madrid, 2011.

NIANE, D., «Las relaciones entre las diferentes regiones: intercambio entre las regiones», en *Historia General de África,* vol. IV, pp. 635-665.

NIANG, Amy, «África y el orden geopolítico emergente tras la guerra de Ucrania» en FUNDACIÓN ALTERNATIVAS, Informe África 2023, África en el nuevo escenario geopolítico, pp. 106-124.

OJEDA, Enrique, *Sudáfrica y el camino a la libertad,* Catarata, 2021.

PASTRANA, Juan, *La guerra Ifni-Sáhara y la lucha por el poder de Marruecos.* Tesis doctoral, Universidad Pompeu Fabra, Barcelona, 2013.

REID, Richard J. *A history of modern Africa. 1800 to the present,* Wiley-Blackwell, 2009.

REY GARCÍA, P. y RIVAS NIETO, P., «*Estados Unidos y África: una historia de no-política*», Revista UNISCI/ UNISCI JOURNAL, nº 60, octubre 2022.

REYNTJENS, Filip, *The great African War. Congo and regionals geopolitics, 1996-2006,* Cambridge University Press, Nueva York, 2010.

ROSS, Robert, *Historia de Sudáfrica,* Akal, 2006.

ROY, Jules, *La Guerra de Argelia,* Seix Barral, Barcelona, 1961.

SALAS LARRAZÁBAL, R., *El protectorado español en Marruecos,* Mapfre, Madrid, 1992.

SOLÉ, Robert, *Sadate,* Perrin, París, 2013.

STEAD Mike y MORRISON, Sean, *Angola,* Alhena Media, 2010.

STIGLITZ, Joseph E., *El precio de la desigualdad,* Debolsillo, 2024 (séptima edición).

TERREROS CEBALLOS, Gonzalo, *Conflictos Internacionales. Orígenes y causas,* Bubok Editorial, Madrid, 2015.

-Las guerras de Marruecos. La política de Maura, Erasmus, Barcelona, 2014.

-Conflictos internacionales. El nuevo desorden mundial, Opera Prima, Madrid, 2022.

-Conflictos internacionales (II). El final de la URSS, Cachemira y la Primavera Árabe, Letras de Autor, 2018.

THE ECONOMIST, «The Africa Gap», 11 de enero de 2025.

THE LEFT IN THE EUROPEAN PARLIAMENT, *Africa: la trampa de la deuda y cómo salir de ella,* Bruselas, octubre 2022.

VAN REYBROUCK, David, *Congo. Une histoire,* Actes Sud, 2012.

VARGAS LLOSA, Mario, *El sueño del celta,* Alfaguara, Madrid, 2010.

YOUNG, Tom, *Africa,* Oneworld Publications, Londres, 2021.

-We need to talk about Africa, Oneworld Publications, Londres, 2022.

Juegan negras
se terminó de imprimir en Madrid,
en diciembre de 2025